AFFIRMATION ET SOLIDARITÉ.

LETTRE
A
L'EMPEREUR,

SUR UN MOYEN
DE PRÉVENIR LA FRAUDE DES DROITS D'ENREGISTREMENT
DANS LES ACTES ET DÉCLARATIONS DE MUTATION.

PAR X****,

NOTAIRE ET LICENCIÉ EN DROIT.

— **Avec un résumé à la fin de la brochure.** —

« Il est de notoriété publique qu'il se fait peu « de ventes où une partie des droits ne soit frau- « dée. » MICHEL CHEVALIER.

« D'après les évaluations les plus modérées, la « fraude constitue le Trésor en perte d'au moins « 50 millions chaque année. »
LETTRE A L'EMPEREUR.

PARIS,
TYPOGRAPHIE DE FIRMIN DIDOT FRÈRES,
IMPRIMEURS DE L'INSTITUT,
RUE JACOB, 56.

1853.

AFFIRMATION ET SOLIDARITÉ.

LETTRE A L'EMPEREUR,

SUR UN MOYEN
DE PRÉVENIR LA FRAUDE DES DROITS D'ENREGISTREMENT
DANS LES ACTES ET DÉCLARATIONS DE MUTATION,

PAR X****,

NOTAIRE ET LICENCIÉ EN DROIT.

— Avec un résumé à la fin de la brochure. —

« Il est de notoriété publique qu'il se fait peu
« de ventes où une partie des droits ne soit frau-
« dée. »
MICHEL CHEVALIER.

« D'après les évaluations les plus modérées, la
« fraude constitue le Trésor en perte d'au moins
« 50 millions chaque année. »
LETTRE A L'EMPEREUR.

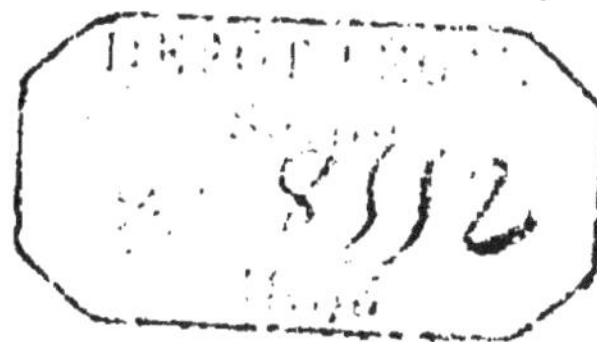

PARIS,
TYPOGRAPHIE DE FIRMIN DIDOT FRÈRES,
IMPRIMEURS DE L'INSTITUT,
RUE JACOB, 56.

1853.

AVANT-PROPOS.

La *Lettre à l'Empereur,* qui forme l'objet de cette publication, a pour but unique la répression de la fraude résultant de la dissimulation de valeurs dans les contrats portant mutation d'immeubles, et subsidiairement dans les déclarations de successions mobilières et immobilières.

Nous n'avons donc pas l'obligation de traiter ici la question économique qui se rattache à l'assiette de l'impôt dont ces mutations sont frappées. Cependant cet impôt rentre, à quelques égards, trop directement dans notre sujet, pour que nous ne nous croyions pas autorisé à présenter tout d'abord quelques considérations en réponse aux attaques dont il a été l'objet.

Nous ne nous faisons certainement pas illusion au point de croire inattaquable le régime fiscal de notre pays; nous ne pensons pas que nos lois d'impôts soient dans des conditions parfaites d'immutabilité, et que les charges qu'elles produisent ne sont qu'un poids fictif pour ceux qui sont appelés à les supporter. Nous savons trop que, dans les choses humaines, l'optimisme n'est que puéril lorsqu'il n'est pas dangereux, et ce n'est pas dans une matière aussi délicate que celle qui a trait à l'impôt qu'on pourrait se flatter d'avoir atteint une perfection qui ne mériterait ce nom qu'à des conditions à peu près exclusives de l'impôt lui-même.

La question n'est pas là.

Il est évident que tout impôt est mauvais, si l'on ne considère que la brèche qu'il occasionne dans les ressources du contribuable, sans tenir compte des nécessités publiques et de l'utilité que chaque citoyen retire de l'état social.

L'un des promoteurs les plus éminents des saines doctrines économiques dans notre pays, M. J. B. Say, donnerait cependant lieu de penser qu'il nie cette utilité, lorsqu'il exprime la théorie fondamentale de l'impôt en disant que « l'impôt est une valeur « fournie par la société et qui ne lui est pas resti- « tuée par la consommation qu'on en fait, une valeur « perdue pour le contribuable, du moment qu'elle « est payée par lui, et qui tourne même à son désa- « vantage (1). »

La science a quelquefois des formules un peu rudes, on le voit par cette définition. Elle n'a pas pour mission, nous le savons, de ne présenter aux regards que les côtés heureux des vérités qu'elle poursuit ; seulement, elle peut se placer dans un faux jour pour les observer.

(1) *Traité*, t. II.

La science économique, qui a pour seul objet l'étude des divers phénomènes qui concourent à la formation, à la distribution et à la consommation des richesses, rencontre tout d'abord l'impôt comme premier obstacle au mouvement libre des capitaux et à la consommation de ses divers produits. Protée infatigable dans ses apparitions, elle le retrouve partout et toujours, tranchant impitoyablement les ailes de sa proie, en arrêtant l'essor et frappant le travail de stérilité. Elle ne nie pas assurément qu'il y ait des nécessités publiques, mais, lorsqu'elle examine en détail les divers moyens légaux d'y pourvoir, elle en démontre avec tant de rigueur les inconvénients, sans donner le secret de ceux qui seraient à l'abri de tout reproche, qu'il est concevable que des esprits passionnés aient, au milieu de ce cercle d'appréciations sévères, trouvé texte, dans un temps qui n'est pas éloigné de nous, à présenter notre état social comme un composé d'exactions injustes où le pauvre, constamment sacrifié au riche, se débat dans un monde qui reste sourd à ses plaintes, et que son âpreté aveugle conduit, en pleine civilisation, à une ruine inévitable.

Nous n'avons pas assurément la pensée de rendre les hommes de la science responsables des exagérations qui se sont produites à l'époque regrettable à laquelle nous venons de faire allusion ; nous en apprécions trop pour cela et nous en suivons avec trop d'intérêt les travaux. Il n'y a pas de plus noble but que celui qui a pour objet de diriger l'humanité vers des voies civilisatrices, et la hauteur des matières, jointe au talent avec lequel ces matières sont traitées dans les publications actuelles de l'économie politique, témoigne suffisamment du rôle important que cette science remplit et est appelée à remplir dans la solution de toutes les questions qui intéressent notre état social.

Cependant toute science morale est discutable. Or, lorsqu'on étudie l'impôt chez les économistes, on est frappé de ce fait, que tous semblent repousser ou son mode ou son application, et surtout son application à la matière imposable.

Voyez plutôt :

L'impôt foncier?

« Son inégalité est flagrante, et le sera jusqu'à la « solution du problème de la péréquation géné- « rale (1) ; » *problème insoluble*, et qui, d'après M. d'Audiffret, a coûté à la France 130 millions de centimes additionnels.

« Il s'acquitte péniblement, *entraîne à des con- « traintes odieuses*, et n'affranchit pas celui qui « paye de la contribution mobilière (2).

« Il est prélevé directement sur la propriété, sans

(1) Comte de Chabrol, 1830.
(2) J. B. Say, *Traité d'écon. pol.*

« avoir égard aux charges qui pèsent sur elle (1). »

L'impôt mobilier?

C'est, dans la pensée de son établissement, un impôt sur le revenu. Or, suivant M. Léon Faucher, « l'impôt progressif est au bout de l'impôt sur le « revenu; *il en représente la fatalité.* »

L'impôt personnel?

Il a les caractères d'un impôt de capitation; il est destructeur de l'égalité et entraîne l'arbitraire (2).

« Il frappe les salaires du peuple (3).

« Il ressemble à une spoliation (4).

L'impôt des portes et fenêtres?

« Il est prélevé sur la pureté de l'air et la clarté « du jour, que Dieu a données à l'homme sans les lui « mesurer. Cet impôt est nuisible à la vie et à la « santé, et est un impôt barbare qui ne saurait être « trop sévèrement flétri. C'est un attentat à l'hygiène « et à la santé populaire (5). »

Les impôts indirects?

« Les impôts indirects ne sont pas proportionnés « aux facultés des contribuables. Le riche et le pau- « vre consomment du sel; mais le riche, qui jouit « d'une fortune cent mille fois plus considérable que

(1) Ém. de Girardin, *de l'Impôt.*
(2) La plupart des économistes.
(3) Adam Smith.
(4) J. B. Say.
(5) Ém. de Girardin, *de l'Impôt.*

« celle du pauvre, ne consomme pas cent mille fois « plus que lui (1).

« Les impôts indirects sur les consommations, dit « Adam Smith, découragent l'industrie. Comme ils « font toujours hausser le prix de la marchandise « imposée, ils en découragent d'autant la consom- « mation, et par conséquent la production. Le légis- « lateur ne met jamais les impôts de consommation « que sur les denrées dont la consommation est gé- « néralement nécessaire *aux plus pauvres ;* car ceux « qui pèseraient sur le luxe ne produiraient pas ce « que coûterait leur perception. »

Quant aux droits d'enregistrement sur les mutations, ceux qui font l'objet de notre étude, voici les objections :

« Les impôts sur le capital, dit M. de Sismondi, « ressemblent à une dîme qu'on lèverait sur les se- « mences, au lieu de la lever sur la moisson. »

« Tel est, ajoute M. J. B. Say, un impôt sur les « successions. Un héritier qui entre en possession « d'un héritage de 100,000 francs, s'il est obligé « de payer au fisc 5 pour cent, ne les prendra « pas sur son revenu ordinaire, mais bien sur l'hé- « ritage, qui sera réduit pour lui, à 95,000 francs. « Or, la fortune du défunt, qui précédemment était « placée pour 100,000 francs, ne l'étant plus que

(1) J. B. Say, *Traité*.

« pour 95,000 par son successeur, le capital de la « nation est diminué des 5,000 francs perçus par le « fisc.

« Il en est de même de tous les droits de mutation. « Un propriétaire vend une terre de 100,000 francs : « si l'acquéreur est tenu de payer un droit de 5 pour « cent, il ne donnera que 95,000 francs de cette « propriété. La masse du capital de la société est « donc diminuée de 5,000 francs (1).

« Ce sont des impôts qui frappent le capital et « font double emploi avec les impôts sur les con- « sommations. *Le droit d'enregistrement est une vé- « ritable exaction*, puisqu'il fait payer au proprié- « taire du capital la liberté de faire passer le fruit « de son travail d'une forme sous une autre; *il n'y « a pas assurément de plus flagrante injustice* que « de demander 10,000 francs à un homme parce « qu'il convertit ses économies, s'élevant à 200,000 « francs, en un champ de terre, tandis qu'il ne de- « mande rien à son voisin qui place ses économies « en valeurs mobilières (2).

« L'impôt devant être un simple prélèvement sur « les fruits annuels de la propriété, et non une *con- « fiscation* de la propriété elle-même, ce n'est pas « seulement le capital qui en peut être la base, ce

(1) *Traité d'écon. pol.*, t. II.

(2) De Colmont, anc. secr. gén. au min. des fin.

« ne sont pas même les produits bruts. L'impôt ne « doit atteindre que les produits nets. Tels ont été « les principes de la loi de 1791 (1). »

Voilà le tableau que nous présente la science économique.

Cette science ne s'occupe, M. J. B. Say le déclare lui-même, *que des faits matériels.*

« Pour l'économie politique, dit-il, l'impôt est « une chose de *fait* et non de droit. Elle en étu- « die la nature, elle cherche à découvrir d'où « viennent les valeurs dont il se compose, et quels « sont ses effets relativement aux intérêts privés des « particuliers et des nations : voilà tout (2). »

Soit ; mais le monde n'est-il composé que d'éléments matériels ? et, pour observer les faits du monde social, est-il donc indifférent de négliger les faits moraux qui s'y enchaînent et qui en peuvent modifier si puissamment l'appréciation ? Il est regrettable qu'il ne soit pas permis à la science économique d'étendre un peu plus son domaine ; car la critique n'est pas un résultat, il faut que la société vive. Nous dire, comme le fait M. Say que, « si l'impôt produit *sou-* « *vent* un bien quant à son emploi, il produit *toujours* « un mal quant à sa levée (3), » c'est faire souhai-

(1) M. Lequien, memb. du corps législ. ; Journ. *le Pays*, du 28 avril 1853.

(2) *Traité*, t. II.

(3) *Ibid.*

ter la fin et porter en même temps à désirer la suppression des moyens. Le mal est souvent moins dans le fait que dans l'idée. L'impôt est une charge, et non pas un mal. Manger et se vêtir produisent un bien; considère-t-on comme un mal de payer le prix de sa nourriture et celui de ses vêtements? Si pour produire le bien chez un peuple civilisé, si pour conserver les avantages de la civilisation et de l'état social et les faire progresser, chaque citoyen est appelé à faire un sacrifice, pourquoi présenterait-on ce sacrifice comme un mal, et non pas comme une nécessité profitable en définitive? Les richesses naturelles que Dieu a voulu départir à l'espèce humaine ne lui suffisant pas, et la destinée de l'homme étant de conquérir par le travail son droit à la vie privée comme à la vie sociale, qui est aussi une loi de sa nature, pourquoi les moyens de pourvoir à l'une aussi bien qu'à l'autre mériteraient-ils une qualification différente? Si l'impôt est un mal, le signaler sans offrir la consolation du remède, c'est conduire au découragement, et du découragement au désespoir (1). Cet ordre d'idées, ce remède sortant du cer-

(1) Nous nous trompons; M. J. B. Say a franchi ses limites, *en ne craignant pas*, comme il le dit lui-même, *de prononcer que l'*IMPÔT PROGRESSIF *est le seul équitable* *. Et voici, à ce sujet, sa démonstration: « On dit à cet égard que l'impôt progres-« sif a le fâcheux effet d'établir une prime de découragement sur

* *Traité*, p. 349, II.

cle des études économiques, nous ne nous permettrons pas de faire, à ce sujet, un reproche de leur silence aux hommes éminents dont nous avons pris la liberté de citer les opinions (1). Nous nous le permettrons d'autant moins que, sans nier les améliorations dont les contributions publiques sont susceptibles, nous avons la conviction que nul progrès dans cette

« les efforts et les épargnes qui favorisent la multiplication des « capitaux ; mais qui ne voit que l'impôt, *quel qu'il soit*, ne prend « qu'une part et une part très-modérée de l'accroissement qu'un « particulier donne à sa fortune, et qu'il reste à chacun pour « produire une prime d'encouragement supérieure à la prime de « découragement ? »

La proposition de M. Say semble être une déduction rigoureuse de ses précédents raisonnements; mais, pour qu'elle fût vraie, il faudrait que les hommes fussent naturellement disposés à faire, pour les autres et sans effort, le sacrifice des choses auxquelles ils attachent le plus de prix; il faudrait qu'ils portassent en eux, en sacrifiant au bien-être de leurs semblables la plus grande partie du fruit de leurs propres travaux, tout l'amour et la divine mansuétude d'un Christ. M. Say néglige un côté de la question ; il néglige la nature et les conditions du cœur humain, et il est conduit, sans s'en douter, à proclamer une erreur qui aujourd'hui est hors de toute discussion. La richesse doit rester la richesse, non pour être l'objet d'une basse convoitise, mais pour demeurer l'un des plus grands leviers de toute civilisation et le propulseur de l'activité et du génie humain. Le plus grand mobile du travail et de l'économie, c'est l'aisance qu'ils produisent ; l'homme n'a pas deux vies ; si vous reculez, par des charges énormes, la perspective de la jouissance légitime de l'épargne, vous anéantissez le travail, vous démoralisez la famille, et faites rétrograder les nations vers la barbarie.

(1) Ceci ne peut évidemment s'appliquer à M. É. de Girardin, à qui les idées neuves, pas plus que le talent, n'ont manqué en cette matière.

matière ne sera suffisant pour préserver les impôts des critiques de la science économique, car, à quelque faible portion qu'ils soient réduits, ils mériteront toujours le reproche que leur adresse M. Say, et après lui M. Michel Chevalier, de diminuer pour le contribuable, l'accumulation de ses capitaux productifs.

Ce n'est d'ailleurs, nous le craignons, ni de la science ni des lois que nous viendra un progrès complet de ce côté. Nous pourrons améliorer nos lois d'impôts, la question n'en restera pas moins, sous ce rapport, toujours aussi entière; car, quoi qu'on fasse, il sera toujours vrai que l'impôt se prélèvera sur des valeurs dont le contribuable tirerait un parti très-utile à la satisfaction de ses besoins. Si Celui qui peut tout permet que les conditions morales des nations se perfectionnent, il y aura progrès du moins le jour où les citoyens considéreront leurs obligations envers l'État comme un devoir de conscience, à l'accomplissement duquel tout homme est tenu dans la juste mesure de ses facultés productrices; le jour où l'impôt leur paraîtra une nécessité utile, une valeur consommée pour eux, dans leur intérêt, et non une valeur perdue, une exaction inique ayant pour résultat de peser sur le pauvre, et de laisser jouir trop amplement de son superflu celui à qui un travail heureux ou opiniâtre a procuré une part plus large de bien-être. Il y aura progrès assurément le jour où le plus grand nombre sera convaincu qu'il n'y a en ce monde de classe privilégiée que celle dont les membres savent ou ont su se soumettre aux rudesses de cette vie et s'imposer la loi du travail, de la conduite et d'une sage économie; que s'il y a des misères réelles, insurmontables, qui appellent toute la sympathie et la sollicitude du législateur, il en est beaucoup aussi qui résistent peu au courage et à la volonté de ceux qui entreprennent de les surmonter; et que d'ailleurs si ces misères, comme les souffrances physiques, sont un mal inhérent à la nature humaine, et la résultante des desseins mystérieux de la Providence, leur remède est plutôt dans la constance à les supporter dans leur passage que dans le perfectionnement indéfini des lois, auxquelles on s'en prend des maux qu'on essuie, comme si les lois humaines pouvaient suppléer aux efforts et aux labeurs dont s'abstiennent ceux qui pourraient avoir force et courage, et prévenir les désordres privés qui naissent des passions mauvaises.

Dieu merci ! tout n'est pas à faire pour arriver là. Le plus grand nombre porte ces vérités dans son for intérieur, et, quoique chaque homme qui naisse soit une conquête à faire pour la vérité, l'erreur ne saurait être permanente, parce que, comme le dit Pascal, l'erreur est bornée par la volonté de Dieu, tandis que la vérité est éternelle et puissante comme Dieu même.

Examinons toutefois la portée des arguments que présentent les citations que nous avons faites, en ce qu'elles ont trait à l'impôt des mutations.

M. J. B. Say dit que l'impôt est une valeur perdue pour le contribuable, et qui tourne même à son désavantage. Nous comprenons que l'impôt soit une valeur consommée pour le contribuable, mais nous ne comprenons pas qu'elle soit perdue pour lui. Une perte ne laisse rien après elle, si ce n'est le vide, tandis que l'idée de consommation entraîne avec elle celle de la satisfaction des besoins ou des jouissances du consommateur. Or la consommation que fait l'État des valeurs qui lui sont fournies par le contribuable a un résultat dont ce dernier tire très-certainement un profit, et, quoiqu'il ne consomme pas ces valeurs par lui-même, il est de toute évidence qu'il n'en consomme pas moins les services. Il y a plus, la consommation que fait l'État du produit des impôts ne constitue pas toujours un fait qui ait pour conséquence inévitable un anéantissement de valeurs. La construction ou l'agrandissement des monuments d'utilité publique, la création de nouvelles voies de communication, routes, chemins, ponts ou canaux, le matériel de nos arsenaux, la construction des vaisseaux de la flotte, les travaux d'agrandissement de nos ports, de nos forteresses, et généralement tous ceux qui ne sont pas d'entretien, représentent des valeurs réelles et productives d'une utilité qui tient avantageusement lieu aux contribuables de celles qu'ils ont fournies pour les obtenir; et, pour répondre à l'objection que M. Say fait à l'impôt des mutations, de diminuer d'autant le capital social, nous dirons que si l'on fait correspondre toutes les valeurs *créées* au moyen des contributions publiques avec la partie des impôts dont la loi frappe le capital, et particulièrement avec les droits sur les mutations immobilières à titre onéreux, il en résulte qu'il n'y a, eu égard au capital social, et dans une proportion qui n'est pas loin d'être équivalente, que la transformation d'une richesse dans une autre nature de richesse plus profitable à tous.

Que si l'impôt sur les successions ne trouve pas son équivalent dans les valeurs productives créées annuellement par l'État, on peut se consoler de ce qu'une objection purement spéculative ne soit pas satisfaite sur ce point. Nul impôt n'a une meilleure assiette, et, n'eût-il pour résultat que de diminuer les charges de ceux qui n'ont pas le bonheur d'hériter, le capital social est assez riche pour faire un pareil sacrifice. « Un pays ne manque jamais de ressour- « ces, a dit Necker; seulement il faut bien se gar- « der d'en chercher là où il n'y en a pas. » Évidemment il y a une ressource ici, ou il n'y en aura nullé part. C'est là une vérité que ne peut faire tomber une subtilité d'école.

Quant à la dernière proposition de M. Say, qui consiste à dire que l'impôt peut tourner au désavantage du contribuable, comme M. Say ne dit pas de quelle manière il l'entend, nous soupçonnons que cette phrase, que nous trouvons dans l'édition de 1819 du *Traité d'économie politique*, n'est qu'une boutade sans importance aux yeux même de son illustre auteur, et adressée par lui, dans un moment de mauvaise humeur, à un certain « *usurpateur qui, dans la partie de l'impôt comme dans presque toutes les autres, a fait rétrograder la marche de la civilisation* (1). » Le montant de l'impôt mis aux mains du despotisme peut devenir une arme dangereuse, il est vrai; mais, cet ordre d'idées ne rentrant pas dans notre sujet, nous n'avons pas à nous y arrêter.

« L'impôt, a dit M. Lequien, doit être un simple
« prélèvement sur les fruits annuels de la propriété,
« et non une confiscation de la propriété elle-même.
« Tels ont été, ajoute-t-il, les principes de la loi de
« 1791. »

Et d'abord, énoncer d'une manière générale et exclusive que l'impôt doive être un prélèvement sur les produits annuels de la propriété, c'est n'admettre qu'une seule catégorie dans la source des richesses privées auxquelles il soit permis au Trésor de puiser.

Or, pour nier le droit de l'État d'établir un im-

(1) *Traité*, t. II, p. 344, note.

pôt sur le capital, il faudrait commencer par prouver que celui sur le revenu peut être suffisant.

L'impôt sur le capital n'a pas été établi par une dérogation à un principe dominant la matière. Les législateurs de 1791, qu'on ne peut suspecter d'avoir manqué de hauteur de vues et de lumières dans l'application des théories libérales du siècle, ont considéré l'impôt comme un fardeau lourd, et produisant par conséquent des entraves ; et ce qu'ils ont recherché avant tout, ç'a été d'en appuyer la charge là où elle devait être le moins sensible. Après avoir demandé au revenu tout ce qu'il était susceptible de supporter, la nécessité de pourvoir aux services publics et aux exigences de la vie sociale les a bien obligés d'avoir recours à d'autres voies. A côté de leur premier principe, ils en ont donc établi un second, celui très-naturel et inévitable qui consiste à demander à la richesse ce qu'elle seule peut donner.

Une qualité précieuse dans tout impôt, c'est d'être perceptible au moment où le contribuable est le mieux à même de l'acquitter. Le droit sur les successions, et celui établi sur les mutations entre vifs à titre gratuit, ont au plus haut degré cet avantage.

Quant à la quotité du droit, il s'élève en raison inverse du sentiment moral qui rattache l'homme à ceux qui tiennent à lui par les liens du sang. Plus le lien est étroit, plus vif est le désir qu'on a de transmettre à celui par qui ce lien existe le fruit de son travail et de ses économies, moins élevé alors est le droit qui porterait entrave à ce désir légitime. Par une conséquence de ce principe, plus le lien se détend, plus le droit s'élève. Nous n'hésitons pas à le dire, le droit d'un pour cent sur les transmissions en ligne directe est d'une modération impossible à méconnaître, et qui témoigne du respect et de la faveur dont le législateur a voulu que la famille fût entourée. Les enfants d'un homme, c'est lui-même, et, à un certain âge de la vie, c'est plus que lui-même, c'est l'avenir, la vie qu'il laissera après lui; dès lors la transmission de ses biens rentre tellement dans le droit naturel, que la loi a voulu qu'elle fût presque insensible sous le rapport fiscal, et elle l'est en effet.

Les successions collatérales ne devaient pas jouir de la même faveur; celles, à plus forte raison, échues à des étrangers. Par l'élévation subite du droit dont ces mutations sont frappées, le législateur a montré la différence qu'il établissait entre ces transmissions et celles opérées en ligne directe. Il n'a pas craint de demander une plus forte part d'impôt à ceux auxquels des valeurs sont transmises gratuitement en vertu de lois purement civiles; et il l'a ainsi établi parce qu'il lui a paru, avec juste raison, que des biens acquis sans risque et sans travail sont la meilleure des matières imposables.

Loin donc de mériter le nom de confiscation, nulle loi d'impôt n'est plus morale que celle-là. En s'adressant à la richesse gratuite, elle épargne d'autant, nous le répétons, la part que l'homme de labeur est appelé à supporter dans les charges sociales; et si on la réformait, ce qu'à Dieu ne plaise! ce qu'on pourrait dire avec raison, c'est que le travail du peuple serait confisqué de tout ce qu'on lui demanderait pour en combler le vide.

Les impôts sur les mutations à titre onéreux se justifient par des raisons sans doute moins fortes et moins saisissantes; mais, nous ne craignons pas de le dire, il n'en est pas qui nous paraissent entraîner moins d'inconvénients; et, en matière d'impôts, toute la question est là.

« Les droits d'enregistrement, a dit le constituant « Morin, ont l'avantage de frapper principalement « sur les riches, sur cette classe heureuse qui hérite, « qui achète, sur celle, en un mot, qui dispose des « biens de la société, *et qui devrait à elle seule en « fournir tous les frais*..... Le temps viendra peut- « être où nos successeurs, placés dans des circons- « tances plus heureuses, examineront si la règle de « tout impôt ne se trouve pas dans les principes « que l'état de vos finances m'empêche d'invoquer, « savoir : que celui qui n'a que le nécessaire ne « doit rien à l'État; qu'au contraire le citoyen qui « a du superflu doit à la société, dans les besoins

« publics et pressants, à concurrence de tout son « superflu. Car l'estomac du pauvre a des droits « aussi impérieux que ceux du riche. *Je crois qu'il « n'y a de sévèrement juste que l'impôt progressif « qui commencerait à l'absolu nécessaire inclusi- « vement.* »

Nous n'avons cité jusqu'au bout le député Morin que pour montrer les tendances qu'avaient déjà certains esprits à établir, sur *la richesse*, une nature d'impôts bien autrement exagérée que celle sur les mutations immobilières. Et certes, si notre législation financière était une impasse dont on ne pouvait sortir que par la porte de l'impôt progressif, on trouvera peut-être que l'issue ouverte par l'Assemblée constituante, en établissant des droits sur les mutations d'immeubles, est, au moins à un point de vue relatif, entourée d'une modération qui la rend heureusement praticable.

Nous avons dit qu'une qualité précieuse, dans tout impôt, était d'être perceptible au moment où le contribuable est le mieux à même de l'acquitter. Lorsqu'on peut faire, en outre, que ce soit le contribuable lui-même qui, non-seulement choisisse ce moment, mais encore décide s'il doit payer la contribution, il en résulte qu'un pareil impôt semble échapper à toute critique sérieuse, si d'ailleurs la liberté de faire ou de ne pas faire est entière pour celui qui doit l'acquitter.

L'impôt sur les mutations à titre onéreux nous paraît réunir au plus haut degré ces deux avantages.

Les impôts indirects, et plus particulièrement ceux de consommation, que l'on range dans la classe des impôts volontaires, participent cependant moins du caractère de ces sortes d'impôts que les droits sur les mutations à titre onéreux. Car il ne dépend pas absolument du consommateur d'avoir ou de n'avoir pas besoin des objets qu'il désire consommer; et si la satisfaction de ses besoins l'oblige à se procurer les choses soumises à l'impôt, cet impôt a beau se confondre avec le prix de la chose au point d'en rendre la charge insensible à ses yeux, cette charge n'en est pas moins réelle, et n'en diminue pas moins l'*accumulation de ses capitaux productifs*.

Le droit d'enregistrement sur les mutations à titre onéreux présente au contraire un caractère tellement volontaire, que nous serions presque tentés de dire qu'aujourd'hui il n'est pas une charge.

Lors de l'établissement de cet impôt par la loi de 1790, bien qu'il remplaçât des droits antérieurs et féodaux, nous admettons que, dans une certaine mesure, celle de la surélévation de ces droits antérieurs, il ait bien pu, avec quelque raison, mériter le reproche de spoliation, de confiscation, si l'on veut, auquel tout impôt sur le capital ne peut apparemment se soustraire. Il en est de même des augmentations de tarif que cet impôt a subies par les lois du 22 frimaire an VII et du 28 avril 1816. Nous admettons que tout impôt sur le capital en enlève nécessairement une fraction. Mais ce que nous prétendons, c'est que celui-là seul a droit de s'en plaindre, qui est propriétaire de la chose qu'affecte cet impôt au moment où une pareille loi est rendue. Le sacrifice demandé au propriétaire actuel s'arrête à lui, et ne se perpétue pas. Or, aujourd'hui que l'impôt sur les mutations à titre onéreux a un mérite incontesté à tout impôt ancien, celui de son ancienneté même, et que la succession des transmissions opérées depuis son établissement en a effacé pour ainsi dire le caractère forcé, si l'on prétend qu'il soit une confiscation de la propriété, il faut reconnaître que cette confiscation est moins le résultat d'une loi iniquement spoliatrice, que le fait du contribuable qui s'y soumet lui-même volontairement en acquérant à titre onéreux ou même gratuit, et sous la condition d'une confiscation qui s'opère contre lui à l'instant même de son acquisition, un immeuble dont le revenu est, en outre, grevé d'une rente perpétuelle existant sous le titre d'impôt foncier.

Et qu'on le remarque bien, cette confiscation à laquelle se soumet ainsi l'acquéreur n'a pas de réalisation actuelle pour lui, car c'est le vendeur qui supporte le droit d'enregistrement par la déduction que lui, acquéreur, n'a pas manqué d'en faire du prix sur lequel il est tombé d'accord. Cette réalisation n'a lieu pour ce dernier que dans le cas éventuel de la revente, époque à laquelle il supportera alors lui-même le droit dont il a fait subir le payement à son propre vendeur.

Ceci est reconnu par M. J. B. Say, lorsqu'il dit : « Le propriétaire ne peut même par la vente de son « fonds se soustraire au fardeau de l'impôt; car le « fonds n'est payé en principal qu'en proportion de « ce que l'impôt lui laisse valoir en revenu. Un « homme qui acquiert une terre n'en évalue le re- « venu que *net de frais et d'impositions*. Si le taux « de ce genre de placements est, dans le pays, de « 5 pour 100, et qu'il ait à acheter une terre de « 100,000 francs, il ne la payera plus que 80,000 « du moment qu'un nouvel impôt viendra à charger « cette terre d'un tribut annuel de 1,000 francs; car « elle ne produit plus alors que 4,000 francs. »

De plus, ajouterons-nous, cette terre se trouvant grevée d'une *confiscation* éventuelle et réalisable lors de la revente, l'acquéreur doit, pour conserver autant que possible son capital intact, retenir encore une valeur approximative (dans l'exemple ci-dessus, 2,000 à 2,500 francs) qui, jointe au revenu que cette valeur produira entre ses mains, lui permette de subir à son tour, et sans perte, la réduction qu'il fait supporter à son vendeur. Dès lors, l'acquéreur aura conclu son marché dans les conditions où il aura désiré qu'il fût réalisé, et son capital pas plus que son revenu ne s'en trouveront altérés.

Dire qu'on ne fait point un pareil calcul n'est pas produire une objection, car on a tous les éléments, et des éléments fixes et certains, pour le faire et apprécier avec certitude la charge que l'on prend en acquérant. Quant à nous, nous savons par expérience que tous ceux qui comptent avec eux-mêmes ne manquent pas de se livrer à ce calcul bien simple, et en cela ils ne font que suivre les principes les plus vulgaires en matière de prix de revient. Cette réduction éventuelle se compense donc, pour l'acquéreur, partie avec le bon marché qu'il estime faire et partie avec les avantages qu'il espère retirer du produit de la propriété qu'il acquiert.

Si un immeuble est grevé de certaines charges, qu'importe que celui envers lequel on en soit tenu soit l'État ou un particulier? Pourquoi établirait-on une différence entre ces deux cas? Si c'est une rente foncière qui est assise sur l'objet acquis, est-ce que l'acquéreur ne défalque pas de son prix une valeur suffisante pour en acquitter les arrérages et ensuite le capital? Qu'y a-t-il donc de forcé à supposer que cette rente perpétuelle qu'on appelle l'impôt foncier, et que le droit d'enregistrement, soient également distraits du prix? Et pourquoi ces charges seraient-elles plutôt une augmentation de ce même prix que le surplus en argent que l'acquéreur consent à donner à son vendeur (1)?

Si ce calcul peut se faire, s'il se fait le plus souvent, ainsi que nous le prétendons, si l'acquéreur enfin est pourvu de valeurs suffisantes pour l'acquittement *des frais et des impositions*, nous avons donc pu dire avec quelque raison que le droit d'enregistrement, pas plus que l'impôt foncier, n'est une charge qui écrase le possesseur et confisque la propriété.

Offrez gratuitement aujourd'hui une propriété sous la seule condition de payer le droit d'enregistrement et la contribution foncière, personne ne la refusera. Dans dix ou quinze ans cependant, celui qui aura profité de votre libéralité ne manquera pas de se plaindre du poids de l'impôt et de la gêne qui en résultera pour lui. Ce n'est pas précisément la charge qui est trop lourde, c'est l'argent qui coûte à donner.

L'objection de M. de Colmont tombe donc d'elle-même. Et, puisque c'est le vendeur qui supporte le

(1) Nous ne voulons pas nier cependant qu'en pratique, le droit d'enregistrement n'ait, dans les petites transactions, qu'une influence à peu près nulle sur l'offre de l'acquéreur. Mais, comme on ne peut dire qu'il y ait surprise pour ce dernier, il faut du moins admettre que le droit devient alors, pour lui, le *pot de vin* de sa convenance, et, par suite, d'une valeur qu'il consent à payer.

droit de mutation, par la déduction qu'en fait l'acquéreur de son prix, il n'est donc pas exact de dire que le fisc oblige le propriétaire du capital à payer la liberté de faire passer le fruit de son travail d'une forme sous une autre. Il n'y a pas plus d'*injustice flagrante* ici qu'il n'y en a dans la différence de revenu qui résulte, pour le capitaliste, de la conversion de son capital, placé dans l'industrie à 10 ou 15 pour 100, ou ailleurs à 5 pour 100, en une propriété dont le produit ne sera que de 3 pour 100. Dira-t-on aussi que ces différences de revenu nuisent à la liberté d'acquérir et à la circulation de la propriété immobilière ? On le pourrait avec toute certitude d'être dans le vrai ; car, à revenu égal, le capital prendra toujours avec empressement la forme immobilière. Mais, cette égalité n'existant pas, la nature des choses ne voulant pas qu'il en soit ainsi, celui qui fait son choix entre les placements industriels, ceux hypothécaires et la propriété foncière, n'a d'autres entraves à alléguer que celle de ses incertitudes entre un revenu plus élevé qui met son capital en risque, et un revenu inférieur qui le contraint à diminuer la somme des besoins ou des jouissances matérielles qu'il peut satisfaire, mais qui, au fond, ne lui inspire la crainte d'aucun danger sur la conservation de son capital.

Cette sécurité parfaite, le bonheur de fouler sa terre du pied, de jouir de la vue de sa prairie, de sa vigne, de l'ombrage de ses arbres et de l'aspect de sa maison dans le paysage, tout cela forme apparemment des réalités appréciables pour les hommes, puisqu'ils consentent à en payer la valeur. Ils considèrent donc ces choses comme un revenu moral qui a son prix, puisque, pour en jouir, ils se contentent d'un revenu réel qui, bien que fort au-dessous du produit des autres capitaux, est cependant celui dont l'obtention coûte le plus de sueurs. Il faut reconnaître enfin que l'amour de cette propriété est poussé bien loin dans notre pays, puisque, malgré les entraves, les confiscations et les charges qu'on allègue, 1,100 millions de capitaux se convertissent annuellement en valeurs immobilières, et confèrent à leurs possesseurs le droit de se plaindre du taux des droits d'enregistrement et du poids de la contribution foncière (1).

En présence de ce chiffre, nous avons peine à croire qu'on ne fasse pas, en France, un usage suffisant de la liberté d'acquérir. Nous allons plus loin, et nous disons que nous ne savons pas bien s'il est à souhaiter qu'on fasse de cette liberté un usage plus étendu; car il n'est rien moins que certain qu'une mutation excessive de la propriété immobilière présente l'indice d'une situation prospère.

(1) Le relevé fait par l'administration de l'enregistrement, en 1840, présente un total de 1,382 millions pour les mutations immobilières à titre onéreux.

M. Say, répondant à cette question qu'il pose lui-même :

« Quel intérêt a la société à ne pas gêner la circu-
« lation des propriétés ? Que lui importe que telle
« propriété se trouve entre les mains d'une per-
« sonne ou d'une autre, pourvu que la propriété
« subsiste ? »

Dit :

« Il importe à la société que les propriétés aillent
« le plus facilement qu'il est possible où elles veulent
« aller, car c'est là qu'elles rapportent le plus. Pour-
« quoi cet homme veut-il vendre sa terre ? C'est
« parce qu'il a en vue l'établissement d'une indus-
« trie dans laquelle ses fonds lui rapporteront davan-
« tage. Pourquoi cet autre veut-il acheter la même
« terre ? C'est pour placer des fonds qui lui rappor-
« tent trop peu, ou qui sont oisifs, ou bien parce
« qu'il la croit susceptible d'amélioration. La trans-
« mutation augmente le revenu général, puisqu'elle
« augmente le revenu des deux contractants (1). »

Cela n'est juste que dans une certaine mesure ; car, s'il est vrai que, dans la plupart des cas, la vente soit l'indice évident du désir qu'ont deux personnes de faire l'échange d'une valeur contre une valeur préférée, il n'en résulte pas pour cela que la raison de ce désir de la part du vendeur soit l'avan-

(1) *Traité*, II, p. 351.

tage qu'il retirera de la force supra-productive du capital qu'il reçoit. L'acquéreur manifeste une préférence en échangeant son argent contre de la terre, mais la manifestation est loin d'être aussi certaine pour le vendeur qui, le plus souvent, se défait de sa propriété, ou par suite d'inconvénients de situation, ou parce qu'il a besoin d'en réaliser la valeur en argent pour éteindre une dette hypothécaire, ou pour satisfaire à des engagements d'une autre sorte. Dans ces deux cas, qui sont si fréquents, surtout à la campagne, le moins capable peut fort bien succéder au plus intelligent, et, même à mérite égal, nous ne savons pas comment le revenu social se trouve augmenté par de pareilles opérations.

La circulation excessive de la propriété immobilière peut aussi bien être une preuve de son discrédit ou du malaise du propriétaire que de la faveur dont elle se trouve entourée. Une seule chose, abstraction faite du plus ou du moins de circulation, est l'indice de sa prospérité, son prix. Si la situation industrielle appelle les capitaux vers les grandes entreprises, la terre a moins de faveur; dans le cas contraire, les capitaux se dirigent plus volontiers vers elle. De plus, il est une question que nous posons sans avoir la prétention de la résoudre : c'est celle de savoir si la bonne culture n'a pas plus à gagner à être pratiquée avec suite qu'à subir l'épreuve de fréquents changements de système. La terre est une bonne mère, mais elle a son régime qu'il ne faut pas violer trop souvent si l'on veut obtenir d'elle tout ce qu'elle peut donner.

D'ailleurs, si nous avons suffisamment prouvé que l'impôt de mutation n'est pas une charge que l'acquéreur supporte, si nous avons prouvé suffisamment que, s'il pèse sur le vendeur, ce dernier n'a point à s'en plaindre parce que cette charge forme la condition de sa possession, nous avons prouvé en même temps que cet impôt n'apporte d'autre entrave à la circulation des propriétés que celle qui peut résulter de la résistance ou de la mauvaise grâce, bien excusable, nous l'accordons, d'un débiteur qui, sous forme d'un prix moins élevé de sa chose, est mis en demeure d'acquitter une dette oubliée et pour laquelle il a dû, dans des temps antérieurs, faire une réserve que l'épargne a dû accroître ou sur laquelle il a dû compter, si, au lieu d'avoir acquis l'immeuble à prix d'argent, il lui est advenu à titre d'héritage.

Une question que nous n'avons pas eu à envisager, c'est celle de la quotité du droit. Quant à ce, nous n'hésitons pas à dire que, dans notre pensée, une réduction de ce droit ne pourrait qu'être profitable aux intérêts privés comme à ceux du Trésor.

Toutefois il nous reste à faire une remarque importante, et cette remarque est celle-ci : c'est que l'impôt sur les mutations, pas plus que l'impôt foncier, n'a d'influence sur le prix des produits du sol.

A cet égard, nous ne croyons pouvoir rien faire de mieux que de laisser parler un homme de science que nous nous sommes permis de combattre tout en reconnaissant son autorité.

Voici ce que dit M. J. B. Say :

« La quantité de vin ou de blé que produit une « terre reste à peu près la même, quel que soit l'im- « pôt dont la terre est grevée; l'impôt lui enlèverait « la moitié, les trois quarts même de son produit « net, ou, si l'on veut, de son fermage, que la terre « serait néanmoins exploitée pour en retirer la moi- « tié ou le quart que l'impôt n'absorberait pas. Le « taux du fermage, c'est-à-dire la part du proprié- « taire, baisserait, voilà tout. On en sentira la raison « si l'on considère que, dans le cas supposé, la quan- « tité de denrées produite par la terre et envoyée au « marché reste néanmoins la même. D'un autre « côté, les motifs qui établissent la demande de la « denrée restent les mêmes aussi. Or, si la quan- « tité du produit qui est offerte, si la quantité qui « est demandée, doivent, malgré l'établissement ou « l'extension de la contribution foncière, rester néan- « moins les mêmes, les prix ne doivent pas varier « non plus; et si les prix ne varient pas, le consom- « mateur du produit ne paye pas la plus petite partie « de cet impôt. »

Et cela est aussi vrai en pratique qu'en théorie.

Dès lors nous sommes donc autorisé à faire, par induction, cette autre remarque non moins importante : c'est que l'abolition complète de l'impôt foncier et de celui sur les mutations n'aurait d'autre effet que de remettre aux seuls propriétaires fonciers une charge qui est la condition de leur possession, sans que nuls autres qu'eux ne participent à ce bénéfice; et sans que les denrées alimentaires éprouvent la moindre diminution de prix.

LETTRE A L'EMPEREUR.

A L'EMPEREUR.

Sire,

Votre Majesté a dit un jour dans un de ses messages à l'Assemblée législative :

« Partout où j'apercevrai une idée féconde en ré-
« sultats pratiques, je la ferai étudier, et, si elle est
« applicable, je vous proposerai de l'appliquer. »

Ces paroles tout à fait caractéristiques de la droiture d'esprit de Votre Majesté et de sa ferme résolution à doter le pays de lois et d'institutions utiles et durables, ont été plus qu'un vaste programme du bien dont toutes les intelligences de la nation étaient conviées à remplir les pages; elles ont été un encouragement, une voie ouverte à toutes ces idées fécondes en améliorations pratiques auxquelles Votre Majesté faisait appel.

La nation aime vos paroles, Sire, parce que vous ne lui avez jamais dit que de bonnes paroles, et que vos actes en ont toujours été la consécration. Elle sait que Votre Majesté s'est donné la mission de faire le bien, et c'est avec calme qu'elle se repose sur vous du soin de ses destinées, parce qu'aimant la supériorité dans les idées comme dans l'action, elle reconnaît cette double qualité dans la personne de son souverain. Aussi, quand vous faites appel à son dévouement, comptez sur elle, Sire, car vous l'avez trop évidemment sauvée dans le passé pour qu'elle ne considère pas Votre Majesté comme la meilleure garantie de son avenir.

C'est cet accueil bienveillant, Sire, c'est cet examen réfléchi promis par vous à toute idée nouvelle portant en elle une valeur réelle et une application possible, qui m'engagent à demander à Votre Majesté l'autorisation de lui présenter quelques considérations développées sur l'introduction dans nos lois d'une nouveauté ayant pour objet des intérêts généraux très-importants, et dont j'ai puisé l'inspiration dans vingt années de pratique du notariat.

Homme spécial, je viens traiter ici une question qui rentre dans ma spécialité, et, dans la vue du bien public, soumettre à votre haute appréciation le fruit de mes observations. Ce n'est pas la réalisation d'un vain système, que je poursuis. La question que je viens débattre devant Votre Majesté Impériale est une question d'équité et de morale. Je viens faire la guerre à la fraude, à une fraude sans exemple dans notre pays, et qui a pris depuis longtemps et tend à prendre chaque jour des proportions si considérables, que l'intérêt moral du pays comme l'intérêt du Trésor exigent que l'on prenne enfin des mesures susceptibles d'en arrêter les déplorables effets.

Cette fraude, Sire, est celle qui s'effectue au moyen des dissimulations de valeurs dans les contrats portant mutation d'immeubles, et dans les déclarations de succession après décès.

D'après les évaluations les plus modérées, elle a pour résultat de constituer le Trésor en perte de plus de 50 millions par an.

Poursuivre la répression de cette fraude énorme, Sire, et en obtenir les moyens sans avoir recours à une de ces solutions violentes qui répugnent au législateur lorsqu'il s'agit d'impôts, et que pourrait cependant justifier la nécessité d'extirper un mal considérable, c'est donc faire acte de haute moralité, et, sans créer aucun impôt nouveau, puisqu'il ne s'agit que d'assurer la perception légale d'un impôt ancien, procurer en même temps au Trésor des ressources très-importantes, dont le bénéfice rejaillira sur tous en améliorations utiles ou en diminution de charges, au lieu de rester illégalement entre les mains de ceux qui ne craignent pas de s'en adjuger la prime.

Que Votre Majesté veuille bien me permettre de lui exposer tout d'abord l'état de la législation sur la matière, et de lui présenter quelques développements sur les résultats de la fraude; puis, cet exposé fait, elle sera mieux à même d'apprécier l'efficacité du remède dont je propose l'adoption.

I.

Une qualité indispensable à tout impôt, Sire, c'est moins d'être à l'abri d'objections sous le rapport de son assiette (et je ne sache pas qu'il en existe qui ait atteint cette perfection), que d'avoir une entière équité pour base de sa répartition entre les citoyens. « Quelque vicieux que soit un impôt, dit M. Courcelles-Seneuil, il fait, dès qu'il dure quelque temps, « sa place dans la société; tous les intérêts s'arrangent en conséquence. » Mais, pour cela, il doit être égal pour tous. C'est là une condition rigoureusement nécessaire dans un État libre, et devant laquelle toute autre considération doit d'abord fléchir.

Pour maintenir cette égalité, le premier devoir du législateur est donc de pourvoir, dans la mesure du possible, à tous les moyens d'en faire respecter le principe.

Il est des impôts dont la lettre seule de la loi garantit l'égalité : ce sont ceux dont l'assiette repose sur des valeurs qu'il n'est pas au pouvoir du contribuable de fixer.

Mais il en est d'autres qui, par la nature des objets qu'ils affectent, sont basés sur des valeurs dont le montant est, en quelque sorte, laissé à la discrétion de celui-là même qui doit en acquitter les droits. Tels sont ceux établis sur les mutations.

L'on comprend que si ces impôts consacrent, par la quotité du droit, le principe de l'égalité pour tous, cette égalité se trouve singulièrement compromise par la faculté dont chaque redevable fait usage, non pas suivant le degré de sa bonne foi, mais suivant celui de son audace, de s'affranchir d'une partie des charges de l'impôt en dissimulant la valeur réelle des objets qui y sont assujettis.

II.

En établissant un droit sur les mutations immobilières, les législateurs de 1790 s'étaient trop bien préparés à leur œuvre par l'étude de tous les abus qui avaient poussé les esprits vers la révolution qui venait de s'accomplir, pour n'avoir pas une connaissance parfaite des fraudes employées jusque là pour se soustraire à l'acquittement des impôts. Mais ces impôts étaient si lourds, si accablants, d'un arbitraire si vexatoire, et surtout si inégalement répartis dans la nation, qu'ils purent considérer les moyens qu'on employait pour s'en affranchir, ou au moins pour en diminuer le poids, comme justifiés en quelque sorte par l'iniquité des impôts eux-mêmes. Pleins de patriotisme dans l'accomplissement de la grande tâche qui leur était dévolue, ils purent se flatter que des lois fondées sur l'égalité amèneraient une régénération complète dans les idées, et qu'avec les abus disparaîtrait naturellement le désir de se soustraire à leurs effets.

Toutefois, préférant prévenir que d'avoir à réprimer, ils imaginèrent un moyen de donner, au moins dans certains cas, à l'assiette de l'impôt sur les mutations immobilières, une fixité qui mît le Trésor public à l'abri de toute tentative de fraude de la part du redevable.

Pour les transmissions entre vifs à titre gratuit et aux échanges qui, par leur nature, ne comportent pas de prix, la base de l'impôt fut fixée par le revenu de l'immeuble établi à la cote de la contribution foncière. Seulement, pour la facilité de la perception, les parties devaient faire la déclaration de ce revenu. Cette idée était excellente en ce qu'elle excluait toute pensée de fraude de la part du redevable. De là à l'application de ce moyen à toute autre espèce de mutation, il n'y avait qu'un pas; mais, pour le franchir, il eût fallu que la propriété territoriale de la France fût ce qu'elle n'était pas alors et ce qu'elle n'a été qu'imparfaitement depuis par l'opération du cadastre, c'est-à-dire divisée, constatée et évaluée d'une manière aussi exacte que possible. La confusion qui régnait alors dans les registres publics fut peut-être ce qui ne permit pas aux auteurs de la loi de concevoir la pensée de fixer à l'avance, soit sur un capital déterminé par le revenu imposable, soit sur un capital déterminé *ad hoc*, les conditions fiscales de la mutation immobilière sous quelque forme qu'elle se produisît. La simplification qu'eût amené ce mode d'évaluation, la fraude qu'il eût prévenue radicalement, eussent sans doute largement compensé les inconvénients qui existent même encore aujourd'hui à l'égard de la contribution foncière, et qui résultent d'une évaluation permanente d'immeubles soumis à des variations de prix.

Nul doute qu'une déclaration sincère des parties relativement à la valeur réelle des biens ne dût procurer au Trésor un rendement plus considérable que celui qui fût résulté d'une évaluation préfixée et forcément modérée ; mais alors il fallait un moyen de prévenir la fraude dans les déclarations, et c'était là le difficile. Comment contraindre les hommes à ne rien soustraire d'une taxe dont ils sont appelés, pour ainsi dire, à fixer eux-mêmes le montant?

En refondant dans une législation nouvelle la multiplicité des impôts établis en vertu des édits des parlements, des déclarations du roi, des arrêts du conseil et des anciennes ordonnances de la monarchie, les auteurs de la loi de 1790 avaient déjà beaucoup fait, et ils avaient eu d'ailleurs trop de raisons de s'applaudir de leur ouvrage pour porter une attention minutieuse sur ses détails secondaires. Du reste, s'il est des lois qui aient besoin de l'expérience pour être appréciées dans ce qu'elles offrent de bon ou de vicieux, ce sont assurément celles qui ont pour objet la création de nouveaux impôts.

La matière imposable étant déterminée, son assiette reposant sur un objet fixe, indissimulable, et la quotité du droit établie d'une manière invariable dans la juste proportionnalité des valeurs, il sembla qu'on avait atteint les dernières limites d'une parfaite égalité.

La fraude cependant devait détruire cette égalité. Le citoyen honnête qui acquittait l'impôt dans son entier devait plus tard payer sa part des contributions publiques dont le Trésor était privé par suite de la mauvaise foi d'un citoyen déshonnête. Il fallait au moins punir cette mauvaise foi lorsqu'on viendrait à la découvrir, et c'est ce que fit, d'une part, l'article 6 de la loi, en établissant la peine du *double droit* sur la valeur des objets omis ou faussement évalués, et, d'autre part, l'article 2 de la 7ᵉ section du Tarif annexé à la même loi, en établissant la peine du *triple droit* sur les sommes ou valeurs qu'une *contre-lettre* ajouterait à des conventions antérieurement arrêtées par des actes en forme. C'est-à-dire qu'on établit une pénalité purement répressive et n'ayant absolument rien de préventif.

Telles furent, Sire, à l'égard de l'impôt sur les mutations immobilières, les dispositions de la loi de 1790. Le principe était fondé, restait l'application.

III.

Ce fut le 1er février 1791 que la loi commença à fonctionner. Dans ses premières applications, les préposés de l'enregistrement purent juger d'une lacune grave dans ses dispositions, et la pratique vint bientôt démontrer que les lois d'impôt sont défectueuses si elles ne renferment pas en elles-mêmes les conditions efficaces d'une bonne perception.

Or, les droits établis sur les mutations immobilières étant basés sur des valeurs *déclarées* par le redevable, et le redevable étant toujours disposé à profiter des moyens qui peuvent lui permettre de ne pas payer une contribution ou de la payer moindre, il en résulta que, pour diminuer la charge de l'impôt, le redevable mit en pratique le moyen très-simple, que j'ai déjà signalé, de diminuer la valeur des objets assujettis au droit.

Cette fraude devint si patente et si générale, que le gouvernement d'alors dut rechercher les moyens d'y opposer une barrière. Il fut long dans ses recherches, car ce ne fut qu'après huit années du régime de la loi de 1790, ce ne fut que par la loi du 9 vendémiaire an VI qu'on fit un premier pas vers une amélioration que réclamaient impérieusement l'équitable répartition de l'impôt et les intérêts du Trésor. Et encore la restriction des dispositions de la nouveauté introduite témoigna-t-elle de l'hésitation du législateur à entrer complétement dans la voie d'une reforme jugée nécessaire.

L'article 22 de cette loi contient la disposition suivante :

« S'il y a insuffisance dans l'estimation des im-
« meubles déclarés ou évalués pour régler les
« droits, la preuve en sera établie par des pièces et
« actes propres à faire connaître le véritable revenu
« ou la valeur en capital.

« A défaut d'actes, la régie est autorisée à requé-
« rir une *Expertise* dont les frais resteront à la
« charge de la partie qui succombera. »

La peine du double droit était maintenue pour les omissions ou fausses évaluations.

Mais cet article 22 ne venait qu'à la suite d'une disposition précédente n'ayant trait qu'à l'évaluation des biens échus aux *héritiers*, *légataires* ou *donataires*. (Art. 21.)

L'*Expertise* créée par cette loi devait donc, par la combinaison des articles 21 et 22, n'être applicable que dans le cas seul de fausse évaluation des immeubles transmis par donation entre vifs ou par suite de décès. Quant aux ventes, échanges et autres actes à titre onéreux, la loi les laissait encore en dehors de ses atteintes, soit que la fraude y fût moins apparente, soit que l'on craignît de tomber dans l'injustice en frappant des acquéreurs qui pouvaient avoir fait un bon marché, soit enfin que toute idée nouvelle se présente presque toujours hérissée d'objections et de difficultés, lorsqu'il s'agit de son adoption ou de ses applications.

Néanmoins cette même loi se montra d'une sévérité inattendue à l'égard des *contre-lettres* sous seing privé contenant augmentation dans le prix de ventes effectuées par actes ostensibles ; elle les déclara *nulles et de nul effet*. Et en même temps, par une bizarrerie qui semblait vouloir combler le bénéfice de l'acquéreur, elle supprima l'amende du triple droit, édictée contre ce dernier par la loi de 1790, se bornant à réclamer le droit simple sur la valeur exprimée dans la contre-lettre. (Art. 32.)

Cette sévérité excessive de la loi est une démonstration de la fraude que pratiquaient déjà les contractants en matière de vente et d'échange, et de la nécessité reconnue par le législateur de porter remède aux dispositions des redevables à bénéficier sur les droits dont ils étaient tenus envers le trésor public.

IV.

Ainsi que l'a vu Votre Majesté, la mesure de l'*Expertise,* créée par l'article 22, s'appliquait uniquement aux fausses évaluations d'immeubles dans les transmissions à titre gratuit ou par décès. Elle produisit sans doute l'effet qu'on en attendait; car un an ne s'était pas écoulé, qu'on proposa au Corps législatif de l'étendre aux mutations à titre onéreux.

La loi du 22 frimaire an VII autorise l'extension de l'*Expertise* par la disposition suivante :

« Si le prix énoncé dans un acte translatif de « propriété ou d'usufruit de biens immeubles à titre « onéreux paraît inférieur à leur valeur vénale, à « l'époque de l'aliénation, par comparaison avec les « fonds voisins de même nature, la régie pourra re« quérir une Expertise, pourvu qu'elle en fasse la « demande dans l'année, à compter du jour de l'en« registrement du contrat. (Art. 17.)

« Les frais de l'Expertise seront à la charge de « l'acquéreur, *mais seulement lorsque l'estimation « excédera d'un huitième au moins le prix énoncé « au contrat.* L'acquéreur sera tenu, dans tous les « cas, d'acquitter le droit sur le supplément d'esti« mation, s'il y a une plus-value constatée par le « rapport d'experts. » (Art. 18.)

Par cette loi, l'*Expertise* fut donc étendue aux

contrats portant mutation d'immeubles à titre onéreux. Il faut remarquer cependant que, tout en maintenant, par les articles 19 et 39, la peine du double droit édictée par les lois précédentes, elle n'établissait encore aucune pénalité pour le cas où le prix d'une vente d'immeubles était porté au-dessous de la valeur vénale. Les parties n'étaient tenues qu'aux frais de l'expertise (et encore fallait-il que le surplus de l'évaluation des experts s'élevât à un huitième du prix déclaré) et au payement d'un supplément de droit simple.

Ce ne fut que par l'article 5 de la loi du 27 ventôse an IX que la peine du double droit fut établie pour ce cas, indépendamment des frais d'expertise.

Ce n'est donc qu'avec une lenteur qui témoignait de toute la prudence qu'il croyait convenable d'employer en cette matière, que le législateur se décidait à prendre des précautions contre la fraude. Mais, si la présomption de fraude le trouvait réservé et hésitant dans cette loi nouvelle, il n'en fut pas de même de la dissimulation constatée d'une manière certaine ; car, par l'article 40, elle dépassa la sévérité de la loi de l'an VI, en disposant que non-seulement les contre-lettres sous seings privés qui contiendraient des augmentations au prix stipulé dans une vente déjà enregistrée, seraient nulles et de nul effet, mais encore qu'au lieu du droit simple, ce serait, ainsi que l'avait voulu la loi 1790, *le triple droit* qui, indépendamment de cette nullité, serait perçu, à titre d'amende, sur les valeurs stipulées.

V.

Une question pendante, Sire, est celle de savoir si l'article 40 de la loi de frimaire a ou n'a pas été abrogé par l'article 1321 du Code Napoléon, qui dispose que « les contre-lettres doivent produire leur effet entre les parties contractantes. »

Deux arrêts de la cour de cassation, des 13 fructidor an XI et 10 janvier 1809, ont décidé la non-abrogation, par ce motif que la nullité prononcée par la loi de frimaire étant absolue, qu'ayant été créée dans l'intérêt du fisc, pour empêcher la fraude, elle devait dès lors produire son effet et conférer à l'acquéreur qui a souscrit la contre-lettre le droit de se refuser au payement de la somme convenue pour augmentation de prix. Puis, par un autre arrêt du 10 janvier 1810, la même cour, revenant sur sa jurisprudence, a décidé (section des requêtes) que l'article 40 était abrogé par l'article 1321.

Cet article 40 de la loi de frimaire avait soulevé de vives réclamations de la part des jurisconsultes, par la raison que ses dispositions étaient contraires à la morale et favorisaient la mauvaise foi de l'acquéreur; aussi s'empressèrent-ils de considérer l'article 1321 du Code Napoléon comme étant, dans la pensée du législateur, la réparation d'une loi inique et indigne de nos codes. MM. Toullier, Delvincourt et Duranton soutiennent vivement le système de l'abrogation, que repousse M. Merlin, et après lui M. Plasman.

Une pareille dissidence parmi des autorités aussi imposantes est digne de remarque; et ce qui est non moins remarquable, c'est la discussion elle-même du point de droit, ce sont les motifs graves invoqués des deux parts.

Permettez-moi, Sire, de m'arrêter quelques instants sur ce sujet, car il est de nature à jeter une vive lumière sur la question de fraude dont je m'occupe.

« S'il est dans l'esprit de la loi, dit M. Toullier, « que l'on prononce la nullité en général, sans ré- « serve d'un effet quelconque dans l'intérêt privé « des parties, voilà une bien détestable législation, « puisqu'elle est ouvertement en contradiction avec « la morale, puisqu'elle favorise ouvertement la « mauvaise foi.

« Ainsi l'acquéreur, posant le masque, peut ré- « pondre effrontément au vendeur : Oui, le prix « réel de la terre que vous m'avez vendue est de « 150,000 francs; mais le contrat n'en porte que « 100,000, et, pour encourager mon impudence et « ma mauvaise foi, les tribunaux m'invitent à ga-

« gner la somme de 50,000 francs; elle est à moi, « je l'achète au prix de mon honneur. *Virtus post* « *nummos.* »

M. Toullier repousse la loi au nom de la morale, et c'est au nom de la morale que M. Plasman la soutient, tout en déplorant sa nécessité.

« S'il est contraire à la morale, dit-il, de voir un « acquéreur profiter d'un moyen aussi peu délicat, il « est également contraire à la morale de voir le ven- « deur et l'acquéreur s'entendre pour tromper la « loi et frauder le trésor public... La loi existe; on « lui doit respect, obéissance, et les parties qui dé- « guisent le véritable prix ont beau vouloir rassurer « leur conscience par la défaveur qu'inspire la ri- « gueur des droits du fisc, elles n'en manquent pas « moins aux principes de la bonne foi (1). »

Je continue la citation, Sire; elle est précieuse, et vous montrera jusqu'à quel point s'étend la fraude, par l'appréciation que fait M. Plasman des motifs qui ont excité la rigueur du législateur; elle vous démontrera en même temps jusqu'à quel point cette fraude est entrée dans les mœurs et dans les habitudes de tous, puisqu'un homme dans une position aussi honorable que celle qu'occupe M. Plasman se croit dans l'obligation de prendre des précautions oratoires pour la stigmatiser.

(1) Plasman, vice-président au trib. civ. d'Orléans, *des Contre-Lettres*, 2e édit., p. 70. Paris, 1839.

Après avoir fait ressortir l'esprit qui avait animé le législateur, en adoptant les dispositions de l'article 40, et le but qu'il avait voulu atteindre, de punir la complicité frauduleuse du vendeur et de l'acquéreur, M. Plasman ajoute :

« *On s'étonne peut-être de nous entendre trai-* « *ter d'action blâmable et regarder comme une* « *sorte de délit une fraude envers le fisc. Ne* « *craignons pas de le dire*, beaucoup de person- « nes, extrêmement honnêtes et délicates d'ailleurs, « ne se font pas le plus léger scrupule d'échapper au « payement des droits établis. Fermes, inébranlables « dans leurs principes sur tout le reste, elles capi- « tulent facilement avec leur conscience lorsqu'il « s'agit des intérêts du Trésor. Par une illusion « inconcevable, elles méconnaissent également les « principes du for extérieur et ceux même du « for intérieur, qu'elles observent religieusement « dans toutes les autres circonstances. *Le mal,* « *on peut le dire, est devenu si commun, il a fait* « *des progrès si rapides, il a jeté des germes si fé-* « *conds dans toutes les classes de la société,* que « le législateur a dû penser que le seul moyen « d'en arrêter le cours était de l'attaquer jusque « dans sa racine, et que, pour parvenir à ce ré- « sultat, il fallait rendre impossible toute espèce de « complicité entre le vendeur et l'acquéreur, en ef- « frayant le premier par la crainte de ne pouvoir

« obtenir un jour le payement des sommes énoncées « dans l'acte secret.

« Tel a été le but des auteurs de la loi de fri-« maire..... *Sans doute, s'il était possible de rempla-« cer ce même article par une disposition qui pût « assurer en même temps les droits du trésor et des « parties contractantes, sans contenir une sorte de « provocation envers l'acquéreur, cette disposition « serait préférable* (1). »

M. Merlin :

« Je conviens avec M. Toullier, dit-il, que la dis-« position de l'article 40 présente quelque chose de « choquant en ce qu'elle favorise la mauvaise foi, « *et je réunis de grand cœur mes vœux aux siens « pour qu'une loi plus juste et plus morale vienne « bientôt la réformer.*

« Mais la question n'est point là. Quelque extraor-« dinaire que soit la disposition dont il s'agit, elle « n'est pas sans exemple dans les fastes de la légis-« tion..... Il n'est donc pas étonnant que la loi du « 22 frimaire an VII, pour assurer d'autant mieux « la perception des droits d'enregistrement et oppo-« ser une barrière d'autant plus efficace aux fraudes « qui tendent sans cesse à la diminuer, ait été jus-« qu'à déclarer nulles, dans l'intérêt privé des par-« ties, toute contre-lettre qui ajouterait au prix « exprimé dans un acte enregistré avant elle. »

(1) Plasman, *ibid.*, p. 72 et 73.

Vous le voyez, Sire, ceux qui attaquent l'art. 40 de la loi de frimaire, comme ceux qui en soutiennent le maintien, sont d'accord pour en reconnaître l'exagération et pour souhaiter qu'un moyen nouveau d'atteindre une fraude intolérable permette de faire disparaître de nos codes une mesure fiscale, dont cependant il n'y a que la mauvaise foi qui puisse souffrir.

Mais ceci n'est qu'une guerre de principes; car cette loi si sévère, quels ont été ses résultats? — Nuls ou presque nuls; c'est comme si elle n'existait pas.

Le législateur de l'an VII s'est gravement mépris lorsqu'il a imaginé ce moyen d'effroi, dont cinquante ans d'expérience doivent aujourd'hui lui démontrer l'inanité, à ce point que c'est à grand'peine qu'on parvient à rencontrer deux ou trois arrêts qui en consacrent ou en contestent l'application. Je comprends que ce moyen eût pu avoir une certaine action chez un peuple où les sentiments d'honneur auraient été chose inconnue; mais dans quels bas-fonds de la société faut-il descendre, dans un pays comme la France, pour rencontrer des hommes qui, placés dans les conditions où le suppose M. Toullier, viendraient se prévaloir d'une nullité légale de cette sorte et invoquer le *virtus post nummos,* pour méconnaître effrontément des obligations consacrées par leur propre signature? Si l'on pouvait fouiller au fond des consciences, peut-être en rencontrerait-on qui en eussent le désir ; mais, du désir à l'exécution, il y a un abîme que bien peu ont le courage de franchir. L'article 40 n'a rien produit, et, malgré sa violence, il ne devait rien produire, parce qu'il provoquait un effroi qui n'a jamais eu sa raison d'être que dans des cas extraordinairement restreints. Or une loi établie dans un intérêt général, qui ne rencontre que peu ou point d'applications, ou qu'on peut éluder facilement, est une loi mauvaise.

Je pense, avec MM. Merlin et Plasman, et les deux premiers arrêts de la cour de cassation, que l'article 40 de la loi de l'an VII est encore en vigueur ; et cela par le motif consacré par toutes les législations, qu'une loi spéciale l'emporte toujours sur une loi générale, lorsque cette loi spéciale a été créée dans l'intérêt de l'État. La discussion de MM. Merlin et Plasman me paraît lumineuse sur ce point.

Mais, que cette loi soit ou non en vigueur, la pratique a démontré depuis longtemps que son existence intéresse peu les contractants.

VI.

L'amende n'étant qu'une conséquence de l'Expertise, l'Expertise reste donc à peu près comme le seul moyen d'action réel, le seul moyen d'intimidation mis à la disposition de l'administration de l'enregistrement pour contraindre les redevables à déclarer la valeur réelle des biens soumis à l'impôt.

Ce moyen est-il bon? Oui, en ce qu'il n'est pas sans résultats. Mais est-il suffisant? Assurément, non.

Car, il faut bien le reconnaître, si l'Expertise est une arme de quelque valeur lorsqu'il s'agit de biens d'une certaine importance, elle devient complétement nulle à l'égard des choses d'un faible prix. L'Expertise entraîne à des frais relativement considérables, et, si les préposés de la régie l'emploient quelquefois dans des cas où le Trésor y paraît intéressé d'une manière notable, ils reculent toujours à la provoquer lorsque cet intérêt est minime. Or il ne faut pas perdre de vue que les mutations de valeurs inférieures sont les plus nombreuses, que particulièrement les contrats passés par le ministère des notaires, tels que ventes, échanges, etc., présentent une moyenne qui ne dépasse guère, dans toutes les parties de l'empire, 4 ou 500 francs, et que les petites affaires forment, par leur multiplicité, plus des trois quarts de celles traitées sur le territoire. Si donc une vente dont le prix réel est de 500 francs n'a été portée dans l'acte qu'à un prix réduit de 300 francs (et c'est l'usage à peu près constant), le receveur de l'enregistrement recule à l'idée de provoquer une Expertise, dont les frais ne peuvent être moindres de 150 francs, et s'élèvent facilement à 3, 4 ou 500 francs, pour procurer au Trésor un supplément de droits de 18 à 20 francs. Les plus rigoureux se montreraient disposés à le faire, qu'ils n'y seraient point autorisés par leurs directeurs, auxquels il répugne de prendre, pour des intérêts aussi minimes, une responsabilité comme celle qui consisterait à entamer, sans succès peut-être, de longues procédures pour résoudre avec certitude une question aussi délicate que celle qui a trait à la valeur d'une parcelle de terre. La valeur des choses est tout ce qu'il y a au monde de plus élastique et de plus arbitraire, car rien n'est plus variable que ce qui lui sert de fondement. Si elle se déduit de l'utilité de la chose, cette utilité n'est cependant appréciable qu'en raison du nombre de personnes disposées à s'en servir, car la valeur du produit ne détermine pas toujours celle de la chose productive. De plus, le prix de la vente peut avoir été modifié par la situation respective des contractants. Le besoin d'argent peut avoir porté le vendeur à faire un sacrifice, et, dans ce cas, l'acquéreur qui se trouve avoir fait un marché avantageux est exposé, si on le lui prouve, à payer, outre les frais, un supplément d'impôt et une amende. Ces difficultés d'une évaluation réelle, qui peuvent s'atténuer lorsqu'il s'agit de fonds territoriaux d'une certaine étendue, sont un obstacle sérieux lorsqu'il ne s'agit que de parcelles exiguës; et si l'on y joint la difficulté de trouver, parmi les hommes localisés, des experts, je ne dirai pas disposés à être favorables à l'administration, mais disposés à ne pas lui être contraires, il s'ensuit que le résultat douteux de ces sortes d'opérations et leurs conséquences, d'une inopportunité ou d'une injustice possibles souvent, justifient suffisamment les hésitations des préposés à se servir de ce moyen dans les affaires peu importantes. Cette hésitation est telle que, dans la pratique, l'expertise n'est que très-rarement employée. Depuis quarante ans, il n'y a pas eu trois Expertises dans le canton de ma résidence, et je crois qu'il n'en est pas autrement dans tous les cantons ruraux. L'action de l'Expertise est surtout comminatoire; elle permet aux préposés, lorsque l'intérêt est suffisant et la fraude par trop évidente, de faire au redevable une menace de poursuites qui produit parfois de bons effets, et amène, à l'occasion, des transactions avantageuses au Trésor. Mais, je le répète, cette action est sans résultat à l'égard des petites affaires; et les petites affaires, c'est la masse.

VII.

Sire, la fraude est énorme. Tout le monde le sait, tout le monde en convient, et presque tout le monde la pratique. Nul aussi bien que nous n'est à même d'en apprécier l'étendue, car nous vivons dans son atmosphère, et il est peu de nos actes qui n'en soit la manifestation. Ainsi que nous le disait tout à l'heure M. Plasman avec ce courage d'honnête homme dont il croyait avoir besoin, le mal a fait des progrès si considérables, il a jeté des germes si féconds dans toutes les classes de la société, qu'on en est à se demander par quelle étrange illusion, par quelle voie sinueuse et détournée des principes qui dirigent le for intérieur, les hommes en sont arrivés à ces capitulations de conscience qui les portent à avoir deux morales distinctes, l'une à l'usage des individus, l'autre à l'usage de l'État.

En vérité, Sire, il est étrange jusqu'à quel point l'habitude d'un mal en modifie les caractères moraux. En France on a depuis longtemps pris celle de considérer l'État comme un être envers lequel on est dégagé de toute obligation consciencieuse. Il semble que ce soit l'ennemi commun, et, tout en réclamant ses services, l'on oublie si bien ses besoins, pour ne voir apparemment que sa tyrannie, frauder est tellement considéré comme un droit, que s'abstenir est regardé comme une duperie, et qu'on se rit des scrupuleux si l'on n'admire pas leur courage.

L'on a si peu la conscience de ce qu'une fraude comporte de blâmable, si peu l'idée d'une action mauvaise dans l'accomplissement de ces pratiques, que, pour exprimer cette action, la langue elle-même s'est enrichie d'un mot nouveau; on ne fraude pas les droits, on les *sauve*. L'ironie n'est même pas épargnée à la loi qu'on viole.

Cependant, Sire, il est quelqu'un qui, placé au-dessus des faiblesses humaines, a pour mission d'en contenir les écarts et d'en comprimer les mauvaises influences; quelqu'un qui, dans la sphère élevée qu'il occupe, ne connaît qu'une morale, celle de tous les temps, et n'admet pas les raisons plus ou moins ingénieuses qu'on peut trouver d'y faillir; qui appelle la fraude du nom qu'elle porte, et repousse les distinctions qui tendraient à en atténuer la culpabilité; quelqu'un enfin qui a la conscience des services qu'il rend en protection, en justice, en bien-être, et qui a le droit de demander à chacun respect et loyauté pour lui.

Celui dont je parle, Sire, c'est l'être moral dont Votre Majesté est la plus haute expression, c'est l'État lui-même, c'est le gouvernement. C'est au gouvernement qu'il appartient de rechercher les moyens efficaces de combattre ces tendances mauvaises qui, aboutissant à un relâchement dans les devoirs du citoyen, prédisposent peut-être à rendre plus faciles les fautes de l'homme privé : car tout se tient dans le cœur humain. Quoi! la pensée de dérober à autrui la plus mince des valeurs sera révoltante pour la conscience de l'honnête homme, et le scrupule s'arrêtera parce qu'au lieu de préjudicier à un petit nombre, le produit du vol sera supporté par plusieurs millions! L'appréciation d'un fait, sous son point de vue moral, est devenue ainsi une question d'arithmétique et de répartition! Je comprends à la rigueur que, dans des temps de servage, alors que les peuples, ensevelis dans les ténèbres d'un régime politique grossier, étaient astreints à donner à un maître absolu la primeur du produit de leurs sueurs et de leur substance, que dans ces temps où l'impôt était employé plutôt aux satisfactions de la vaine gloire d'un seul et à ses capricieuses prodigalités qu'en bienfaits dont la nation aurait dû légitimement recueillir les fruits; je comprends, dis-je, que, pour se soustraire à de telles injustices et pour soulager leur misère, nos pères aient pu faire usage de tous les moyens de nature à diminuer leurs charges : l'absurdité des institutions justifiait alors la résistance des peuples. Mais aujourd'hui que la société est fondée sur de justes bases, que la fortune publique, administrée dans l'intérêt de tous, se compose, pour ainsi dire, de la part proportionnelle de chacun, sans privilége pour personne, frustrer la fortune publique d'une portion de ce qui lui revient légitimement, c'est faire payer à d'autres le bénéfice illégal d'un seul, bénéfice dont l'immoralité est d'autant plus flagrante que l'impôt est déjà par lui-même une nécessité assez lourde pour que la mauvaise foi ne vienne pas encore ajouter à son poids.

VIII.

Cette fraude, Sire, n'est pas seulement pernicieuse en ce qu'elle détruit l'égalité devant l'impôt, elle blesse encore des intérêts non moins sacrés et non moins respectables, elle est encore une cause de désordre pour les intérêts privés.

En matière de vente :

Elle est pour le vendeur un moyen de soustraire aux créanciers hypothécaires une portion du prix de l'immeuble qui est leur gage. Et, dans les petites affaires, les conséquences en sont telles qu'aucune voie efficace n'est ouverte au créancier pour obtenir la réparation du préjudice que cette soustraction lui fait souffrir. Les frais de la surenchère sont pour lui un obstacle invincible. Car ce qu'on ne sait pas assez en France, Sire, c'est l'inanité de nos lois de procédure à l'égard des petites transactions ; ce qu'on n'aperçoit pas, c'est qu'un système spécial, à ce sujet, serait, pour la petite propriété, l'une des meilleures institutions de crédit.

S'il y a surenchère, la différence de prix est perdue pour l'acquéreur. Il mérite peut-être cette punition ; mais pourquoi punir une faute, si l'on peut la prévenir ?

Dans le cas où les vendeurs sont mariés et communs en biens, s'il s'agit de la vente d'un propre, l'époux propriétaire perd le montant de la somme soustraite sur le prix, la communauté n'étant débitrice que du prix porté dans l'acte de vente. De là de nombreuses difficultés lors des liquidations de communauté ou de reprises, ou lorsqu'il s'agit de remplois. En pareil cas, la femme, si c'est à elle que l'immeuble appartient, n'a rien qui protége sa faiblesse et son ignorance des affaires, et le mari peut se montrer d'autant plus porté à favoriser la fraude de l'acquéreur que, par suite de cette fraude, la reprise de la femme ou son droit de remploi se trouvent diminués de tout le montant de la soustraction.

En matière de partage ou d'échange :

La fraude, au moyen de la soustraction des soultes, peut ouvrir la porte à l'action en rescision de la part du copartageant de mauvaise foi qui a reçu la soulte; et cette soulte même constitue en perte la communauté qui en a payé le montant, puisque sa soustraction peut mettre l'époux non copartageant dans l'impossibilité de fournir la preuve légale du fait qui donne lieu à la récompense.

La fraude est donc une cause de perturbations nombreuses dans les affaires privées; et cela est si réel, Sire, qu'il est une vérité passée à l'état d'axiome parmi les hommes de pratique, c'est que toutes les fois que, dans la vue d'éviter le payement des droits d'enregistrement ou de les amoindrir, on substitue, dans quelque circonstance que ce soit, une convention factice à la convention véritable, il en résulte toujours des éventualités dangereuses.

IX.

Ici se présente une observation sérieuse :

C'est qu'il est inconcevable que les notaires, qui sont dans l'obligation de ne prêter leur ministère qu'à des contrats loyaux et sincères, consentent à consacrer ainsi de pareilles fraudes.

Je ne me dissimule pas, Sire, toute la gravité d'une semblable observation. Elle touche à la partie la plus délicate de mon travail; car, à ce sujet, j'ai à présenter à Votre Majesté des considérations d'un abord difficile à un fonctionnaire public. Il y a, dans les choses humaines, certains aspects qui blessent les regards et que l'on consent volontiers à laisser dans l'ombre. Cependant, Sire, lorsqu'un mal existe, si personne n'a le courage d'en découvrir la plaie, quel est le médecin qui pourra la guérir?

J'aurai ce courage, Sire, en vous signalant le mal dont je poursuis l'extirpation, et en vous présentant la fraude sous un aspect qui rend encore plus désirable sa disparition, puisqu'elle a pour résultat de peser sur la conscience des notaires, et de les troubler dans la dignité et la considération dont ils ont besoin vis-à-vis d'eux-mêmes et des autres.

Sire, il est une loi, plutôt morale qu'inscrite dans les codes, dont l'exigence domine le notariat aussi bien que la magistrature. Cette loi, c'est la délicatesse et la droiture en tout, partout et toujours. En France, on peut avec certitude s'honorer de la voir observée, tant il est vrai que la fonction élève l'homme, et lui donne, avec le sentiment de ses devoirs, la volonté et le pouvoir de les remplir dignement.

Cependant, Sire, il est, pour les notaires, des actes nombreux, journaliers de leur ministère, où cette délicatesse et cette droiture sont mises en souffrance par l'obligation où ils sont réduits de prêter l'authenticité de leurs signatures à des fraudes contre lesquelles ils sont impuissants. Ces fraudes sont celles-là même que j'ai signalées à Votre Majesté. Les notaires n'ignorent pas qu'ils font ce qu'ils ne devraient pas faire en s'associant à un mensonge dont les résultats sont aussi nuisibles à l'intérêt général qu'à l'intérêt privé, et pourtant ils passent outre, contraints qu'ils sont de courber la tête devant un mal qu'ils estiment incurable, parce qu'ils n'ont aucun moyen pour le détruire, et ils en consacrent les effets en abritant leur faute sous la responsabilité de celui qui la provoque et en invoquant leur impuissance.

La position qui nous est faite est dure, Sire. Nos clients ne se bornent pas à nous rendre les témoins purement passifs de leurs pratiques frauduleuses, bien loin delà; les choses se passent de telle sorte qu'il faut que non-seulement nous participions à la fraude, mais encore que ce soit pour ainsi dire par notre inspiration et suivant le degré de notre appréciation que la fraude se commette. On ne soupçonne même pas notre résistance. Comme, dans un acte de vente, il faut dissimuler le prix, que c'est un principe reconnu que ne peut contester l'intolérance du notaire, c'est à ce dernier qu'on s'adresse. On requiert son avis; car il sait mieux que personne, par sa pratique journalière, dans quelles proportions il est *légitimement* permis de frauder. On lui demande donc le tarif en usage, seulement pour voir, et avec la volonté bien arrêtée, toutefois, de le dépasser s'il est trop modéré. Le notaire cherche à donner sur ce point une légère satisfaction à l'interrogateur; puis il l'accompagne d'observations à l'adresse du vendeur, que la réduction intéresse toujours s'il s'agit de biens propres, et il cherche à inspirer à l'acquéreur des craintes sur les dangers de l'expertise. Peine perdue! On porte dans l'acte les deux tiers et souvent la moitié du prix réel. Et l'acte se fait ainsi, et, de par la signature du notaire, il demeure authentique, et, à ce titre, il fait foi de ce qu'il exprime.

La fraude est devenue un besoin tel, Sire, et l'on se regarderait si bien comme fraudé soi-même si on ne la commettait pas, que, le plus souvent, le contrat authentique de la vente ne s'effectue que longtemps après la convention faite. L'occasion surprend l'acquéreur, il la saisit et fait son acquisition. Quant à en passer acte, s'il n'a pas d'argent qui lui permette de diminuer le prix en payant un à-compte convenable au vendeur, il attendra trois mois, six mois, un an, s'il le faut. D'ici là, que fait-on? On se rend chez le notaire, qui se borne à *inscrire le marché*, si les parties ne savent pas signer; ou bien, dans ce cas, si l'affaire a une certaine importance, on fait faire une procuration dont le coût paraît d'autant plus léger que l'on compte bien s'en dédommager sur le bénéfice que l'on fera avec le Trésor; puis un sous-seing privé est rédigé, et l'on attend patiemment que les choses soient mûres pour commettre la fraude. Quelquefois l'acte est passé de suite; alors, pour ne rien *perdre* d'un *droit* légitime, on emploie un moyen qui consiste à faire faire un billet égal au montant de la soustraction que l'on a en vue. Par ce moyen, que le vendeur trouve excellent, malgré les menaces de l'article 40 de la loi de l'an VII, les choses sont en règle et les parties satisfaites.

Qui fait la procuration? le sous-seing privé? le billet? qui tient la plume pour toutes ces pratiques? Mon Dieu, Sire, qui cela peut-il être, si ce n'est le notaire, toujours le notaire, que sa clientèle rend ainsi forcément le complice et l'exécuteur de fraudes énormes parfois, et qui, lorsque le temps amène les inconvénients que ces fraudes produisent, reçoit de cette même clientèle, alors oublieuse d'une trop facile condescendance, des reproches qu'il mérite en partie.

Eh bien! Sire, je dis qu'il y a là quelque chose de profondément mauvais. Je dis qu'il n'est pas bon, qu'il n'est pas moral que des officiers publics soient dans une position telle qu'ils ne puissent éviter de concourir en quelque sorte à frustrer l'État, au nom duquel ils exercent leurs droits et leurs pouvoirs; que cela est contraire à la dignité de leurs fonctions, compromet leur considération et blesse leur délicatesse et leur conscience.

Le gouvernement n'ignore pas assurément l'existence de la fraude; mais il compte trop sur l'efficacité des lois actuelles pour obliger les redevables à la véracité. Ce qu'il ignore probablement, c'est l'énormité et la généralité de la fraude. Ce dont il peut n'être pas assez convaincu, c'est de la nullité de nos lois de répression à l'égard des petites affaires, de celles qui se traitent principalement en dehors des villes, et qui, je le répète, sont les plus considérables par leur masse. Ce qu'il ne sait pas enfin, c'est ce qui se passe dans nos études, et ce que nous seuls pouvons savoir, c'est le besoin que nous avons d'une arme qui nous permette de nous soustraire à ce concours forcé, à cette complicité directe et active, qui nous sont imposés par une clientèle d'autant plus exigeante à cet endroit, que la force de l'habitude lui ôte jusqu'au soupçon du scrupule.

En cela, Sire, les notaires sont plutôt à plaindre qu'à blâmer. Exiger d'eux une rigidité complète ne ferait qu'aggraver le mal sans rien améliorer; car, humainement parlant, il n'est jamais bon de mettre un homme aux prises entre l'accomplissement d'un devoir et ses moyens d'existence. Le notaire ne peut se montrer, à cet égard, inflexible envers sa clientèle; ce serait repousser et sacrifier pour toujours un travail nécessaire. C'est ce que chacun de nous se dit, c'est ce dont chacun de nous n'est que trop parfaitement convaincu; et, rassurés par la généralité de la faute et la peccabilité inévitable de nos confrères, nous vivons ainsi à l'abri d'une nécessité de pratique, et subissons la situation qui nous est faite, faute d'armes pour nous en défendre.

Au point de vue de ce seul ordre d'idées, Sire, la fraude appelle un remède efficace. Le désir de le voir se produire m'a fait le rechercher moi-même; et croyant avoir, à ce sujet, rencontré une idée juste, c'est la foi que j'ai dans cette idée qui m'a porté à vous dire seul ce qui est dans la pensée intime de tous mes confrères. Je le fais sans hésitation, parce que je sens ma conscience, et que non-seulement je ne redoute la première pierre de personne, mais encore que j'ai parfois donné des gages de ma résistance aux fraudes dont je me plains par des luttes qui ont pu me conserver intérieurement l'estime de ceux contre lesquels je les ai soutenues, mais qui ne m'ont pas conservé leur clientèle.

X.

J'ai dit à Votre Majesté, Sire, que l'*Expertise* est le seul moyen dont la loi ait armé les préposés de l'enregistrement pour combattre la fraude, et que, sans rien produire d'appréciable à l'égard des petites affaires, elle n'était pas dénuée de tout résulta dans celles plus considérables.

L'*Expertise* est donc à conserver; mais, comme son efficacité n'est pas générale, il faut la compléter par des moyens nouveaux dont la combinaison ait pour effet d'atteindre les plus faibles transactions, celles par conséquent, je le répète encore, qui sont les plus productives pour les caisses de l'État.

Les moyens que je propose sont puisés surtout dans des considérations d'ordre moral; mais, pour être tout à fait pratique, je n'omets pas d'y rattacher aussi des raisons d'intérêt.

XI.

Il est hors de doute, Sire, qu'il ne soit dans le droit du gouvernement d'exiger des citoyens la sincérité dans tous les actes auxquels il peut être intéressé, et que toute personne est répréhensible si, pour se soustraire aux lois, elle commet une fraude ou la favorise par son concours.

Partant de ces principes, je me suis demandé pourquoi jusqu'ici la loi avait laissé, à l'occasion des contrats dont je m'occupe plus spécialement dans cet exposé, parce qu'ils sont d'une importance considérable dans la question ; pourquoi, dis-je, la loi avait laissé en dehors de son action l'une des parties contractantes, c'est-à-dire l'un des complices de la fraude, le vendeur, celui précisément sur la sincérité duquel on peut le plus compter, si l'on sait l'intéresser à cette sincérité.

C'est l'examen de cette question, Sire, qui m'a conduit à la solution que j'ai l'honneur de soumettre à Votre Majesté.

Cette solution consisterait dans ce que j'appellerai l'AFFIRMATION de l'une et de l'autre des parties relativement à la sincérité du prix porté dans l'acte de vente, et la SOLIDARITÉ du vendeur avec l'acquéreur à l'égard de l'amende, dont celui-ci est aujourd'hui seul tenu, envers le fisc, en cas de dissimulation établie.

Je propose, Sire, que l'on rende un décret qui oblige le notaire à interpeller individuellement, avant la clôture du contrat, et le *vendeur* et l'*acquéreur*, et à recevoir leur *Affirmation* sur la sincérité des charges déclarées dans la vente ; que, comme sanction contre le vendeur, on dispose qu'en cas d'expertise, si la valeur des biens faisant l'objet du contrat se trouve supérieure à celle exprimée dans l'acte de vente, le vendeur sera tenu, *solidairement* avec l'acquéreur, envers le fisc, au payement du droit simple et du double droit exigés, dans ce cas, en vertu des lois existantes. Qu'on ajoute enfin que le notaire sera tenu, sous peine d'une amende de cinq francs, de faire mention dans l'acte de ces interpellations et affirmations.

XII.

Maintenant, Sire, que Votre Majesté veuille bien me permettre d'entrer dans quelques développements sur les motifs qui fondent ma confiance dans les bons résultats de la mesure dont je viens de lui soumettre la pensée. Ces motifs sont tout pratiques, et me sont fournis par ce qui se passe chaque jour autour de moi.

Pourquoi le vendeur se préoccupe-t-il si peu généralement, — et la fraude qui se produit sur une si large échelle le prouve surabondamment, — du prix porté dans l'acte de vente ? C'est qu'il se croit sans intérêt. Il reçoit son prix, le but est atteint : que lui importe le reste ? Quel préjudice peut-il en résulter pour lui ? Quelle loi peut le frapper s'il y a fraude ?

Aucune. Évidemment il est hors de cause, c'est l'affaire de l'acquéreur, et c'est dire que la chose lui est parfaitement indifférente.

Mais excitez son intérêt ; présentez-lui un mobile qui engage sa personnalité dans l'affaire, et son attitude va changer complètement. Ne sera-ce donc pas une situation toute nouvelle pour le vendeur, à qui la loi ne demande rien aujourd'hui, qui ne doit pas l'impôt et qui se considère comme en dehors de toute obligation de même qu'il est en dehors de tout risque ; ne sera-ce donc pas, dis-je, une situation toute nouvelle que lui fera cette nécessité de répondre, par une affirmation positive, destinée à être insérée dans l'acte authentique, à la question que l'officier public sera tenu de lui adresser sur la sincérité du prix et des charges de la vente ? N'y aura-t-il pas alors une grande différence entre cette attitude passive, entre ce consentement tacite du vendeur, qui aujourd'hui passe inaperçu et n'effleure même pas la conscience, et ce *consentement formel*, cette participation active à la fraude résultant de l'affirmation authentique d'un fait ? La sincérité de cette affirmation intéressera à coup sûr, Votre Majesté doit en être convaincue, une classe nombreuse de citoyens, les hommes d'une certaine éducation et occupant une position honorable dans le monde, les femmes surtout, dont les instincts délicats repousseront assurément un mensonge de cette nature ; elle intéressera également, il est difficile de ne pas l'admettre, bon nombre de gens des classes intermédiaires, et disons-le bien bas, pour l'honneur du genre humain, mais disons-le, parce que cela sera vrai, les vendeurs tiendront d'autant mieux à faire cette affirmation sincère, que ce gage de loyauté ne leur coûtera absolument rien.

Sire, en fondant des institutions, le législateur manquerait assurément de sagesse s'il comptait sur la vertu des hommes pour leur servir de point d'appui. La vertu se réfugie dans des profondeurs si mystérieuses, elle est chose si rare et regardée comme si admirable, qu'il s'est rencontré, de nos jours, des âmes généreuses et candides qui, ne se doutant pas de la critique amère qu'elles faisaient des mœurs de leur temps, ont cru devoir exciter à sa découverte en fondant des couronnes en son honneur. Sans doute, il serait doux de pouvoir ériger la vertu à la hauteur d'une vérité philosophique applicable à tous ; mais il ne doit y avoir, pour le législateur, de vérités philosophiques que celles dont l'étude du cœur humain lui offre la démonstration. Il doit donc prendre les hommes pour ce qu'ils valent, et, en tirant tout le parti possible de leurs qualités comme de leurs défauts, tracer dans les lois des règles dont le résultat soit de maintenir l'égalité entre tous, en élevant forcément les tendances mauvaises à la hauteur des bonnes.

En présentant l'*Affirmation* comme moyen pratique de prévenir la fraude, je ne compte pas sur la vertu des hommes comme levier de son efficacité. Non.

Mais, dans nos civilisations modernes, Sire, il est une chose qui n'est point la vertu, et qui, sans être plus prisée, est cependant plus recherchée que la vertu même, l'honneur. Il s'agit moins aujourd'hui, en effet, d'être vertueux que de paraître honorable. La vertu a son point d'appui en Dieu, et, comme l'élévation du cœur, sa récompense n'est point de ce monde, si ce n'est dans les replis cachés des belles âmes qu'elle a prises pour sanctuaire. L'honneur a son point d'appui chez les hommes ; si l'homme le perd par un écart, cet écart ne fût-il qu'apparent, il a beau s'envelopper dans sa conscience et dans sa vertu, il tombe.

« Le monde, a dit un penseur profond, n'aime le « bien qu'en image et qu'en représentation, parce qu'il « le flatte sans l'obliger (1). » C'est une triste vérité que celle-là, Sire ; cependant le sentiment de l'honneur a cela de précieux, qu'en obligeant le monde à produire au moins l'image et à donner la représentation du bien, il rend par cela même le mal plus difficile, et contraint souvent à l'éviter : le bien se fait alors par honneur, sinon par vertu.

L'honneur est donc un puissant mobile, Sire ; on

(1) Nicolas, *Études sur le christianisme*, t. IV.

France, cela n'a pas besoin de démonstration. La question est de savoir si l'*Affirmation* est de nature à exciter ce mobile. A cela, je réponds qu'elle aura une puissance effective dans la plupart des cas, et cela par ce motif : *c'est que l'Affirmation sera une épreuve.*

Avec notre législation actuelle, la fraude s'effectue sans que le vendeur et l'acquéreur aient le moindre sentiment de confusion d'un acte illicite. Elle n'est d'ailleurs, pour ainsi dire, que le fait d'un seul, et encore la fraude est-elle devenue chose si naturelle et si usuelle, qu'en dissimulant le prix, la pensée d'un vol commis au préjudice du fisc n'entre très-certainement pas dans l'esprit de l'acquéreur. Ce n'est pas le vol qu'il aperçoit, c'est le profit; il diminue le prix, uniquement pour éviter de payer davantage : que ferait, dit-il, cette goutte d'eau à l'Océan ? En cela, la loi elle-même, loin de rien demander à sa conscience, se montre si tolérante qu'elle l'invite, en quelque sorte, par la réduction du huitième sur le montant de la valeur établie par l'expertise, à déduire, presque sans risque, une portion équivalente de son prix; et il le fait avec une quiétude que justifie l'impunité (1).

(1) De telle sorte que, sur 130 millions que produit l'impôt des mutations de toute nature, la loi actuelle consent à peu près tout d'abord à une perte de 16 à 17 millions. L'*Affirmation* ne tolère rien.

Avec l'*Affirmation*, cette position des parties change complétement d'aspect. Le vendeur et l'acquéreur sont mis en demeure de dire la vérité ou de signer un mensonge. La loi leur dit : Faites-vous la fraude, oui ou non? Affirmez que vous êtes loyaux et sincères. Si vous l'êtes, il vous sera facile de me donner la satisfaction que je vous demande; si vous ne l'êtes pas, votre signature du moins vous prouvera à vous-même et à ceux qui, étant témoins de l'épreuve, seront juges de votre faiblesse, que votre honneur s'arrête au niveau de vos intérêts. Vous baisserez dans votre estime et dans la leur : ce sera la vengeance de la loi.

Si facile que l'on puisse être en pareille circonstance, je ne puis pas faire de doute, Sire, que le plus grand nombre ne tienne à honneur de ne pas appuyer par sa signature une attestation frauduleuse. Si l'acquéreur est disposé néanmoins à mettre ce scrupule de côté, parce qu'il a un intérêt qui l'y pousse et le dédommage, il est une personne que ce scrupule arrêtera infailliblement, ce sera le vendeur; et cela, parce qu'il n'a, lui, aucun intérêt à faire faussement une affirmation qui ne lui profite pas, et qu'au contraire, en dehors du sentiment moral qu'il satisfait en étant sincère, il est intéressé à la véracité pour éviter les conséquences de la solidarité à laquelle la loi l'oblige pour le payement de l'amende.

Combien cette fausse affirmation ne sera-t-elle pas

plus improbable si, comme cela arrive si souvent, il y a plusieurs vendeurs mis en demeure de dire la vérité ou de mentir dans l'intérêt d'un seul?

XIII.

J'admets donc, Sire, que l'*Affirmation authentique*, telle que je propose de l'établir, soit incontestablement d'un effet pratique très-réel et très-puissant sur les classes élevées et même sur la classe moyenne, sur ceux, par conséquent, que Votre Majesté veuille bien le remarquer, auxquels leur position de fortune permet de traiter les affaires qui, prises isolément, sont les plus importantes.

Sans doute ne serait-elle pas aussi efficace sur une autre classe nombreuse de redevables; non pas qu'on y soit dépourvu de sentiments d'honneur, mais, l'écorce étant plus rude, les sentiments y sont naturellement moins délicats. Il peut donc y avoir lieu, pour ceux-là, de rechercher un mobile encore plus puissant que celui de l'honneur; et quel peut-il être, si ce n'est celui de l'intérêt pécuniaire?

Pour arriver au but, je ne demande même pas, pour ne rien proposer qui paraisse rigoureux, une punition qui soit nécessairement personnelle, puisque mon vœu se borne à réclamer la *Solidarité* pour le payement du droit et du double droit que doit l'acquéreur en cas d'insuffisance constatée; et cette solidarité ne portera aucune atteinte au droit de recours qu'aura le vendeur contre l'acquéreur, débiteur personnel et légal de l'impôt, qui seul doit être maintenu en définitive responsable de la violation de la loi. Mais cette simple solidarité, qui permettrait aux préposés de la régie de poursuivre, à leur gré, l'une ou l'autre des parties, ferait naître une éventualité, un embarras possible dont le vendeur s'empressera de s'affranchir par une déclaration sincère; car ce droit de recours peut devenir illusoire et demeurer sans résultat si l'acquéreur devient insolvable, s'il a quitté le pays, etc. Cette éventualité sera toute-puissante, Sire, que Votre Majesté le tienne pour assuré; car ceux dont je m'occupe en ce moment sont ceux qui sauront le mieux se dire : Que m'importe après tout? ce n'est pas moi qui paye! Le profit est nul, la perte possible... L'acquéreur, Sire, croyez-le, restera forcément un honnête redevable.

Je considère donc la solidarité du vendeur pour l'amende comme un moyen très-pratique d'arriver au but qu'il s'agit d'atteindre, même avec le droit de recours conservé à ce dernier contre l'acquéreur. Cependant, Sire, j'ai encore une conviction profonde, c'est que, si l'intérêt du vendeur était engagé d'une manière encore plus directe et plus personnelle, le moyen de la *Solidarité* en acquerrait une puissance que je crois pouvoir qualifier de *certaine* dans ses effets.

Les lois de vendémiaire an VI et de frimaire an VII

ont jugé, avec raison, que le concours du vendeur à la fraude était punissable, et Votre Majesté a vu jusqu'à quel point le législateur avait élevé la rigueur, puisqu'il avait déclaré *nulles et de nul effet* les contre-lettres portant augmentation dans le prix d'une vente précédemment enregistrée. On pourrait, en rapportant l'article 40 de la loi de l'an VII, et en fixant, par cela même, les incertitudes sur son abrogation par l'article 1321 du Code Napoléon, établir contre le vendeur, complice de la fraude, une *amende personnelle égale à la moitié du supplément de droit simple dû sur la soustraction constatée par l'Expertise.*

Pourquoi n'en serait-il pas ainsi? Quels égards mérite donc la mauvaise foi, et pourquoi la loi ne porterait-elle pas en elle-même la sanction à peu près certaine de son exécution? Qu'y aurait-il, au fond, d'exorbitant dans cette pénalité particulière, applicable au complice d'une fraude constatée? Cette fraude n'est-elle pas énorme, et le législateur se montrerait-il donc si sévère en interposant son autorité pour faire respecter ses lois? C'est alors, Sire, c'est avec cette action puissante dirigée contre l'intérêt personnel du vendeur, que la *Solidarité*, jointe à l'*Affirmation*, deviendrait une arme efficace contre la fraude! Charger sa conscience et courir un risque dans l'intérêt d'autrui! Sire, on ne frauderait plus.

Il y a plus, Sire, l'*Affirmation* et la *Solidarité* seront aussi une arme mise aux mains des notaires, et ils s'en serviront avec un empressement sur lequel on doit d'autant mieux compter que tous y verront un moyen de sauvegarder leur dignité blessée par cette participation forcée à une fraude qu'ils repoussent, et que leurs intérêts matériels y trouveront, en passant, une satisfaction très-appréciable, puisque leurs honoraires, basés sur le chiffre des valeurs, s'augmenteront avec le prix.

Que Votre Majesté veuille bien sentir la haute portée de ces dernières considérations, et remarquer combien elles sont de nature à assurer pleinement le législateur de la bonne exécution de la loi pour tout ce qui concerne les actes notariés.

XIV.

Le principe de l'*Affirmation* admis, il n'y aurait aucune raison pour ne pas en étendre l'action aux déclarations de successions mobilières et immobilières. Le receveur de l'enregistrement est, comme fonctionnaire public, investi de pouvoirs suffisants, et est assurément en situation d'adresser aux déclarants la question de sincérité relative à leur déclaration. Comme le notaire le ferait dans son acte, il établirait sur son registre la mention d'*Affirma-*

tion avant la clôture de la déclaration, et la ferait signer au redevable. Il me paraît assuré qu'il y aura là un frein réel pour un grand nombre, et que, par cette extension de la loi, les recettes du Trésor s'accroîtront de quelques millions.

XV.

Quant au bénéfice qui résulterait pour le Trésor de l'introduction dans nos lois de la mesure que j'ai l'honneur de proposer à Votre Majesté, il sera tellement considérable que, quelles que soient les objections de nature à l'amoindrir, il déterminera, je l'espère, Votre Majesté à en proposer l'adoption.

Il est généralement reconnu par tous les hommes de pratique que la dissimulation de prix ou de valeurs dans les contrats de vente, échange et autres actes à titre onéreux, ne s'élève pas à moins du tiers des valeurs réelles, et qu'il est même fréquent que la réduction aille jusqu'à la moitié. (En matière d'échange et de partage, les soultes sont considérablement diminuées, sinon supprimées tout à fait.) Mais, pour n'être pas suspecté d'exagération, et compenser le chiffre de ces dissimulations avec les cas où les ventes portent le prix entier, telles que celles par expropriation forcée et celles qui, ayant pour objet des immeubles surchargés d'hypothèques, se prêtent moins facilement à la réduction, admettons que la dissimulation ne s'élève qu'à une moyenne du quart.

D'autre part, on ne nie pas que la soustraction dans les déclarations de succession ne s'élève souvent à près de la moitié des valeurs. Toutes celles mobilières, les créances, les billets et l'argent comptant se réduisent dans une proportion considérable, et il n'est pas rare que, dans les successions partie mobilières et partie immobilières, les valeurs mobilières ne disparaissent presque complétement (1). Cependant supposons encore que la dissimulation ne porte que sur le tiers des valeurs transmises.

Personne ne mettra en doute la modération de ces évaluations.

Que Votre Majesté juge des conséquences.

D'après le relevé général des droits perçus sur les transmissions d'immeubles, soit à titre onéreux, soit à titre gratuit, constatés pendant l'année 1851, il résulte :

Que les droits sur les ventes, échanges, soultes de partage ou d'échange, résolutions de contrat et autres actes à titre onéreux, se sont élevés à la somme de.................... 74,820,000 fr.

Et les droits sur les transmissions à titre gratuit, à la somme

(1) Je connais des soustractions de 40, 70, et même 140,000 francs.

Report........ 74,820,000 fr.
do........................ 5,362,500

Total........ 80,183,400 fr.

Si cette somme ne forme que les trois quarts de celle qui aurait dû être légitimement perçue, il en résulte que le Trésor a été frustré, de ce côté, d'une somme de 26,727,800 francs.

Les droits sur les mutations après décès se sont élevés, pour la même année 1851 (chiffres ronds), à 50,000,000 de francs.

Soit les deux tiers des droits réellement dus; soit encore pour le Trésor une perte de.. 25,000,000 fr.

Si l'on y joint celle constatée pour les contrats à titre onéreux et gratuits, ci.................. 26,700,000

Il en résulte que la perte totale est de........................ 51,700,000 fr.

N'est-ce pas un chiffre énorme que celui-là, Sire? et les sévérités des législateurs de l'an VI et de l'an VII ne sont-elles pas justifiées en présence d'un tel état de choses? Quel soulagement le gouvernement n'eût-il pas pu apporter à la misère, quels immenses travaux n'eût il pas été à même d'exécuter, si, depuis cinquante ans, il avait perçu annuellement les droits dont il est ainsi frustré!

Les moyens que je propose ne sont pas parfaits

assurément, Sire : quelles lois peuvent mériter cette qualification? cependant ils sont de nature à produire des résultats considérables.

Sur les ventes et échanges seuls, la fraude du quart s'élève à près de 25 millions. Ce sont les actes sur lesquels les moyens proposés auront, à cause des vendeurs, le plus d'action. Ces moyens n'eussent-ils d'effet que jusqu'à concurrence des deux tiers et même de la moitié, c'est-à-dire que sur cent actes, n'y en eût-il que de cinquante à soixante-six qui portassent un prix sincère, le bénéfice pour le Trésor serait déjà de 13 à 17 millions. Ce dernier chiffre sera très-certainement dépassé si l'on établit la pénalité personnelle contre le vendeur.

Sur les mutations après décès et sur celles entre vifs à titre gratuit, la fraude, calculée sur le tiers, s'élève de 27 à 28 millions. La *Solidarité*, qui existe déjà à l'égard des cohéritiers, ne pouvant avoir d'application au point de vue répressif de la fraude en matière de succession, ne sera qu'une nouveauté peu sensible dans les transmissions entre vifs à titre gratuit ; l'*Affirmation*, dans ces cas, reste donc comme seul moyen préventif. Comme elle n'est requise que de parties intéressées, on doit admettre que sa force d'action sera moindre. Cependant je crois qu'il est impossible de supposer que sur cent personnes, il n'y en aura pas au moins vingt-cinq qui seront arrêtées dans leurs désirs de fraude par l'espèce de parjure qui résulterait d'une fausse Affirmation. En admettant cette donnée, ce serait donc encore un quart, soit 7 millions environ, dont on peut espérer que le Trésor bénéficierait de ce côté.

Ce dernier chiffre, joint au précédent, présente donc une amélioration probable et presque certaine de recettes dont le chiffre ne s'élève pas à moins de 20 à 24 millions.

Je supplie Votre Majesté de croire qu'en posant ces chiffres, je ne tombe pas dans l'exagération d'un auteur qui se complaît dans son importance. Le travail que j'ai l'honneur de lui soumettre est un travail d'honnête homme, le travail d'un homme de pratique, qui ne craint pas la contradiction sur les faits qu'il avance, et qui n'a d'ailleurs d'autre but que le bien.

Quant à l'évaluation des droits dont le Trésor est aujourd'hui frustré, Votre Majesté a un moyen bien simple de s'assurer de la vérité de mon assertion, si, appréciant l'importance de la question, elle juge convenable de la faire étudier. Que Votre Majesté veuille bien ordonner à M. le garde des sceaux de consulter, à ce sujet, tous les notaires de France dans leurs assemblées générales du mois de novembre; que, pour s'éclairer, le gouvernement demande aux notaires quelle est, dans leur opinion, la valeur moyenne des soustractions en matière de contrats à titre onéreux et gratuit : j'ai l'assurance, Sire, que mon évaluation, qui n'est que celle généralement admise dans le notariat, se trouvera au-dessous de la moyenne qui résulterait de cette enquête.

Pour ce qui est de l'efficacité des moyens que je propose, si j'ai cherché à la déterminer par des chiffres et à établir un résultat approximatif, je crois l'avoir fait sans exagération. Je suis convaincu de ce résultat, Sire, parce que l'idée que je présente pour l'obtenir est une idée simple, juste, pratique surtout, et qui ne peut rencontrer d'objection sérieuse.

Cette nouveauté de l'*Affirmation*, sans avoir rien de trop solennel, a un caractère de gravité suffisant; la *Solidarité* du vendeur à l'égard de l'amende ne peut devenir une charge que pour ceux qui ne craignent pas de concourir à une fraude coupable. La loi qui consacrerait ces deux moyens d'action est évidemment dans le droit du gouvernement; ses dispositions ne touchent à aucun point de la législation actuellement existante; elle ne modifie rien, ne trouble rien, et se borne, en assurant une exécution plus complète de la loi, à apporter une amélioration très-sensible dans l'équitable répartition de l'impôt; sans créer aucune charge nouvelle, elle procurera infailliblement au Trésor des ressources importantes. Elle est très-morale, en ce qu'elle prévient, par la sincérité dans les contrats, de nombreuses difficultés dans les familles et protége les droits des femmes. Elle relève le notariat d'une lourde servitude, en lui donnant une arme qui le défendra d'une complicité qui l'afflige. Enfin elle sera d'une exécution simple et facile dans la pratique, et n'ajoutera rien, pour ainsi dire, à la forme des contrats. Le notaire, en effet, n'aurait qu'à énoncer ces mots avant la clôture de l'acte : « Interpellées par « ledit Me ....., les parties ont affirmé individuellement, sous les peines portées par la loi, avoir « déclaré ci-dessus toutes les charges de la vente, » ou « la valeur réelle des biens formant l'objet du « contrat. »

Il est inutile d'ajouter que la loi s'appliquerait, quant aux actes notariés, non-seulement aux ventes, échanges, partages, licitations et donations, mais encore à tous les actes portant mutation d'immeubles à quelque titre que ce soit.

XVI.

Il me reste à dire à Votre Majesté, Sire, qu'avant d'ambitionner l'honneur de soumettre ma pensée à sa haute appréciation, je l'avais formulée, au mois de février dernier, au moment où l'on s'occupait du budget de 1854, dans une lettre que j'ai adressée à M. le président du conseil d'État. M. le président du conseil d'État, dont la bienveillance est à la hauteur des talents, a bien voulu prendre lecture de mon travail, et il m'a fait l'honneur de m'écrire pour m'informer que, ce travail lui paraissant renfermer de très-bonnes idées, il en avait fait remise à l'un de ses collègues, dans les attributions duquel rentrait l'objet traité par moi.

Plus tard, j'ai dû à l'obligeance d'un membre du Corps législatif de savoir que mon mémoire avait mérité l'attention, et même qu'un des deux moyens proposés par moi, la *Solidarité*, avait été adopté par le conseil d'État, qui l'avait inséré dans le projet de budget de 1854.

Convaincu de la faiblesse d'action de la *Solidarité* dégagée de l'*Affirmation*, j'ai adressé immédiatement à M. Boinvilliers, conseiller d'État, qu'on m'avait désigné comme étant le rapporteur de la partie du budget dans laquelle était insérée la disposition admise, une lettre contenant des aperçus nouveaux et plus positifs sur l'importance pratique de l'*Affirmation*, et sur son influence considérable à l'égard de la *Solidarité* même.

Quelques jours après, je fus informé que la *Solidarité* venait d'être retirée du projet de loi, pour n'être présentée que l'année prochaine, et être livrée à un examen que le manque de temps n'avait pas permis de rendre suffisamment approfondi. Je me suis trouvé heureux de cette nouvelle, dans l'espoir qu'une étude sérieuse du moyen de l'*Affirmation* en décidera l'adoption.

Cette lettre étant déjà longue, Sire, je n'ai pas voulu la rendre encore plus étendue en vous présentant, sous de nouveaux points de vue, la question ici traitée. Mais, pour éclairer davantage ceux qui voudront bien l'examiner à fond, je demande à Votre Majesté la permission d'ajouter, dans une *Note* à la suite de cette lettre, et comme document utile, la lettre que j'ai adressée à M. Boinvilliers.

Sire, dans votre haute sagacité, vous vous plaisez à donner accueil aux idées fécondes en résultats pratiques, parce que, seules, elles peuvent vous aider à accomplir la grande tâche que vous avez reçue de Dieu et de la France, de conduire la patrie dans des voies fermes et droites, et non par les chemins sans fond des utopies. En venant vous offrir mon grain de sable, je crois faire acte de bon citoyen. C'est le désir du bien qui m'a porté à prendre sur mon labeur de chaque jour pour vous présenter une idée que je crois forte et utile, et qui me paraît avoir le double avantage de moraliser les masses en accroissant notablement les revenus du Trésor. En cela je crois, comme fonctionnaire public, avoir travaillé un peu pour moi-même, et beaucoup pour la dignité du corps dont je fais partie.

A Votre Majesté, Sire, de juger si j'ai travaillé pour le pays; à vous de voir si mon grain de sable peut être utile à votre édifice, ou s'il doit suivre le sort de la poussière qu'emporte le vent.

Je suis avec un profond respect,

Sire,

de Votre Majesté,

le très-fidèle et très-obéissant serviteur,

X****

Notaire, licencié en droit de la Faculté de Paris.

NOTE.

LETTRE A M. BOINVILLIERS,

CONSEILLER D'ÉTAT.

Monsieur,

Au mois de février dernier, j'ai eu l'honneur d'adresser à M. le président du conseil d'État un mémoire ayant pour objet des moyens pratiques de prévenir la fraude que l'on commet, par la dissimulation de prix ou de valeurs, dans les contrats portant mutation d'immeubles à titre onéreux.............
.................J'apprends aujourd'hui, par une communication bienveillante d'un membre du Corps législatif, qu'une partie seulement de mon idée a été adoptée par le conseil d'État, qui l'a insérée dans un projet que l'on doit présenter incessamment au Corps législatif, et dont, me dit-on, vous êtes le rapporteur.

Cette qualité m'autorise, Monsieur, à vous demander la permission de me mettre, à cette occasion, en rapport avec vous ; car j'ai hâte de vous éclairer sur les conséquences de l'abandon de la partie de mon projet que je regarde comme ayant l'influence la plus décisive sur l'économie des dispositions qui en forment l'ensemble, et sur les résultats dont ce projet est le but. Ma lettre aura nécessairement de l'étendue ; mais, aujourd'hui que je m'adresse à une personne qui possède parfaitement la question, j'espère que les détails dans lesquels je vais entrer, et dont j'ai craint de surcharger mon premier mémoire, ne vous paraîtront ni longs ni dénués d'intérêt.

Le moyen dont je propose l'adoption se compose de deux parties bien distinctes, mais tellement liées entre elles qu'elles ne sont, pour ainsi dire, qu'une seule et même pensée, et que le rejet de l'une laisserait nécessairement l'autre sans vitalité.

L'*Affirmation* de toutes les parties sur la sincérité des charges déclarées, et la *Solidarité* du vendeur avec l'acquéreur pour l'amende, en cas d'insuffisance constatée : tels sont les moyens proposés par moi. On a négligé l'*Affirmation* pour n'admettre que la *Solidarité*, et, confiant dans cette menace dirigée contre le vendeur, l'on pense avoir assez fait. J'espère, Monsieur, vous démontrer qu'il n'en est rien, et que le succès du projet de loi dont j'ai soumis la pensée à

M. le président du conseil d'État est lié intimement à l'adoption de la partie que précisément l'on a repoussée. Cette tâche me sera facile, car c'est, si je ne m'aveugle pas trop moi-même, l'un des côtés heureux de la question que j'ai soulevée, avec la solution telle que je la propose, que d'abonder en démonstrations simples et pratiques et d'être à l'abri d'objections sérieuses.

J'ai établi dans mon Mémoire que l'avantage de la *Solidarité* était d'avoir une action réelle sur les gens de la campagne ; mais, si je l'ai adoptée dans mon projet, c'est que j'ai craint l'objection, sans doute vraie, tirée de ce que l'*Affirmation* seule n'aurait pas sur cette classe de personnes l'efficacité générale qu'il y a lieu de souhaiter. Ce n'eût pas été là une objection, il est vrai, mais un amoindrissement d'effet que j'eusse été moi-même prêt à reconnaître, tout en maintenant l'importance de la disposition nouvelle.

La vérité est que l'*Affirmation* toute seule a fait longtemps l'unique objet de mon projet; son action réelle et positive sur le plus grand nombre a toujours été pour moi une conviction profonde. Les faux serments, j'aime à le penser, sont rares : l'*Affirmation* devait évidemment l'être encore davantage; car ceux qui prêtent un faux serment sont mus par un intérêt, tandis que, dans les contrats qu'il s'agit de rendre sincères, il est une personne qui est dénuée de tout intérêt et qui ne fera pas, pour condescendre aux désirs de la partie intéressée, une affirmation de nature à produire, pour sa conscience, tous les effets du parjure.

Car, vous le reconnaîtrez, Monsieur, ce n'est pas une des moindres qualités de cette idée de l'*Affirmation*, telle que je l'établis, entourée de formes authentiques, que d'avoir toute la puissance effective du serment sans en avoir la solennité. Le serment est l'idée qui, la première, s'est offerte à mon esprit; mais j'ai dû l'abandonner à cause de sa puissance même et de l'exagération qu'on n'eût pas manqué de reprocher à son application à tant et de si nombreuses petites affaires. Voir lever la main tout le jour dans nos études était une chose inadmissible; et d'ailleurs le serment est une de ces armes sacrées qui ne doivent fouiller les replis des consciences qu'à la dernière extrémité; on doit donc se garder d'en affaiblir la valeur par un emploi trop multiplié.

Ce n'est pas que l'usage du serment, comme mesure fiscale, soit sans précédents. Aux États-Unis, au Mexique, le voyageur jure à la douane, la main sur l'Évangile, qu'il n'introduit rien en fraude des droits; à Genève, à propos d'un impôt sur le capital, le contribuable signe sur un registre une déclaration qu'il fait *sur son honneur et sur sa conscience*. En Angleterre, dans ce pays si éminemment doué de sens pratique, on ne néglige pas le levier de la conscience en matière fiscale. La loi de l'*income-tax* porte que : « Toute déclaration doit « contenir (veuillez remarquer l'expression) l'*affir-* « *mation positive* que le déclarant agit en toute « sincérité, et qu'il a évalué de son mieux, en cons- « cience, ses revenus, profits ou salaires, conformé- « ment aux règles établies par la loi. » — De plus, s'il y a doute sur la sincérité du contribuable dans son affirmation, « les commissaires généraux peu- « vent appeler le contribuable à *déposer sous ser-* « *ment.* » (Art. 122 de la loi.)

Ainsi l'*Affirmation* elle-même se trouve avoir un précédent en matière fiscale. Vous me permettrez, Monsieur, de tirer quelque honneur de ce que ce soit l'Angleterre qui nous l'offre ; car en Angleterre on s'y connaît en fait d'institutions solides et frappées au coin de la pratique et de la raison.

Ce mot d'*Affirmation*, lorsqu'on en observe la signification dans ses rapports avec l'objet qui m'occupe, exprime une idée si simple, qu'il semble qu'il eût dû venir depuis longtemps à l'esprit de tout le monde. Quand j'en ai conçu la pensée, je m'y suis attaché de suite, parce qu'elle m'a paru frappante de simplicité, ne bouleversant rien, n'introduisant pour ainsi dire rien dans les habitudes, *une simple question* sur l'exactitude d'un fait, et pas autre chose. Et pourtant quelle importance dans les résultats ! quelle action puissante sur cette partie toute désintéressée des contractants, qui jusqu'ici était demeurée en dehors des atteintes légales! Il faudrait avoir pour les hommes un mépris bien profond pour croire que le mensonge leur soit indifférent, à ce point de le faire lors même qu'il n'aurait pour mobile que l'intérêt d'autrui, lors même qu'il pourrait blesser l'intérêt de celui qui se parjurerait ainsi dans des circonstances quasi-solennelles. En vérité, je le regarde comme improbable dans la plupart des cas..

C'est pour donner cet intérêt sensible à la partie désintéressée des contractants, c'est la crainte que l'*Affirmation* n'eût pas toute l'influence désirable sur les gens d'une classe inférieure, que j'ai dû rechercher un autre mobile, et que j'ai conçu l'idée de la *Solidarité* pour l'amende. La *Solidarité* ne fut pour moi et n'est réellement qu'un corollaire de l'*Affirmation*. Elle lui donne une grande force; mais, sans l'*Affirmation*, la *Solidarité* n'a plus qu'une valeur restreinte.

Ceci, Monsieur, je crois pouvoir vous le démontrer par des considérations pratiques dont la vérité palpable déterminera, j'espère, votre conviction.

Une des choses que je regarde comme la plus importante de mon projet, pris dans son ensemble, c'est l'assurance qu'aura le législateur de la parfaite exécution de la loi, c'est-à-dire de tout le zèle, de tous les soins qu'y mettront ceux chargés de son exécution. Les notaires s'indignent contre la fraude, non-seulement parce qu'elle les fait concourir à des actes blessants pour leur délicatesse, mais encore, il faut bien le dire, parce qu'elle s'attaque en même temps à leurs intérêts matériels, en réduisant, dans une proportion analogue à la somme soustraite, les honoraires que leur attribuent leurs tarifs. Une vente de 3,000 francs, qui donne 30 francs d'honoraires, n'en donnera plus que 20 si le prix est réduit à 2,000. Et il ne faut pas oublier que *cette fraude est de tous les jours et de tous les instants*. Ce que chacun de nous demande et désire le plus, c'est une arme. La pratique nous a prouvé depuis longtemps que la menace de l'*Expertise* n'est, pour la plupart des cas, qu'un vieux moyen dont les ressorts sont détendus. Nous le hasardons cependant quelquefois, ainsi que la démonstration de l'inconvénient résultant de la diminution de prix, s'il s'agit de la vente d'un propre; mais c'est presque toujours sans succès. Les paysans ont énormément d'esprit quand il s'agit d'éviter le payement d'une pièce de 5 francs, et il ne leur est pas difficile de ranger à leur parti le vendeur, que la chose intéresse peu, du moment que la fraude de l'acquéreur ne doit lui susciter aucun embarras. Si je dis que nous *hasardons*, c'est que nous devons nécessairement faire ces observations avec prudence et comme l'accomplissement d'un devoir qui nous est imposé par nos fonctions.

Quant à insister, nous ne le pouvons pas, notre intérêt nous le commande encore; car nous savons, à n'en pas douter, que nous nous ferions un ennemi de l'acquéreur, si nous paraissions avoir entraîné le vendeur à une exigence qui se résoudrait pour lui, acquéreur, en un supplément de droits qu'il comptait *sauver;* aussi, tout en faisant timidement des observations que nos fonctions et notre intérêt nous portent à faire, ce n'est jamais sans trembler pour le succès, car non-seulement nous courons le risque de perdre un client (et j'en sais quelque chose), mais encore de nous faire une réputation de rigidité qui éloigne la clientèle. Aussi chacun de nous en prend-il son parti, et se montre-t-il fort économe de ces sortes d'observations. C'est là assurément une très-mauvaise et très-fausse situation pour les notaires, une situation qui exige un remède efficace. Ce remède, l'*Affirmation* le procure évidemment; la *Solidarité,* prise isolément, laisse les choses entières de ce côté.

Car, remarquez-le bien, Monsieur, avec l'*Affirmation* et la *Solidarité* réunies, avec cette obligation, qui lui est imposée par la loi, de demander aux parties une affirmation dont il doit nécessairement leur expliquer les conséquences, le notaire n'a plus cette crainte d'un reproche de tyrannie de la part de l'acquéreur. La loi elle-même l'abrite complétement ; et elle l'abrite d'une manière si palpable et si évidente pour les parties, qu'elle lui impose le devoir de consigner dans l'acte authentique la question et la réponse qu'elle exige. Avec cette sécurité pour le notaire, comptez sur son intérêt et son entière liberté à faire briller aux yeux de ses clients toutes les conséquences de l'*Expertise* et de la *Solidarité*, et à stimuler l'honneur du vendeur, s'il a besoin d'un aiguillon pour la sincérité de son affirmation. Être assuré du concours de tous les notaires de France, Monsieur, mais c'est là, vous me l'accorderez, une force puissante qui n'est pas à dédaigner.

Considérez encore, Monsieur, qu'abstraction faite un instant de la puissance réelle de l'*Affirmation* comme force morale directe, elle vient encore, sous un autre point de vue, en aide à la *Solidarité*, en ce qu'elle couvre d'un motif apparent la résistance du vendeur, peu disposé à encourir les suites de cette solidarité. On n'ose pas désobliger une personne amie, quelqu'un avec qui l'on a de fréquentes relations, des gens de son village; refuser de se prêter à la fraude à cause de la *Solidarité*, c'est faire injure à l'acquéreur et lui faire croire qu'on doute de sa solvabilité. On aimera mieux courir les chances d'un inconvénient éloigné et des plus incertains que de s'aliéner un voisin qui, après tout, payera l'amende s'il y a lieu. Mais, si l'*Affirmation* est derrière la *Solidarité*, soyez bien convaincu que le vendeur y trouvera, pour s'affranchir d'une responsabilité qu'il n'accepterait qu'à regret, un motif très-avouable vis-à-vis de l'acquéreur, suffisant, et dont l'apparente honorabilité sera tout bénéfice pour lui.

Avec la *Solidarité* seule, le notaire est désarmé comme auparavant. Ne comptez donc pas sur son concours zélé; n'y comptez pas, car il redoutera, comme toujours, les rancunes d'un acquéreur froissé; et ces rancunes sont, sachez-le bien, Monsieur, d'un effet assuré. La chose que pardonne le moins un paysan, et bien d'autres avec lui, c'est une perte gratuite d'argent. En pareille circonstance, les reproches ne nous sont pas épargnés, et nous n'avons jamais rien à répondre qui satisfasse un homme qui ne voit que la perte qu'il fait, et reste sourd à tout ce qui n'est pas cela.

L'*Affirmation*, je crois l'avoir suffisamment établi, aura très-certainement une action à peu près complète sur les classes élevées, et même sur les classes moyennes. (Ayez toujours en vue, je vous prie, principalement le vendeur, ce personnage si intéressant par son absence d'intérêt à fausser la vérité.) Cette action est sûre pour la plupart des cas, il est impossible de le nier. La *Solidarité*, soyez-en persuadé, si elle est seule, sera dépourvue de toute action nouvelle sur eux toutes les fois que l'acquéreur sera solvable; et, en général, vous voudrez bien le reconnaître, un acquéreur est, *à priori*, dans des conditions de solvabilité probable; car acquérir, c'est, quelles que soient les nombreuses exceptions, se sentir et avoir la force de payer.

Il en sera de cette *Solidarité* comme de celle à laquelle sont tenus les vendeurs envers les notaires, pour le payement, à défaut de l'acquéreur, du coût des contrats de vente. Tout le monde connaît cette obligation, et cependant on passe outre, et cela se conçoit, parce que ce n'est pas au moment où l'on donne le plus souvent une marque de confiance à un acquéreur en lui accordant un crédit pour le payement du prix, qu'on se défiera de lui pour une chose d'une importance aussi secondaire que le coût de l'acte, qui cependant est une chose actuelle, certaine, et dont le montant est ou sera dû au notaire, au moins en partie, pendant un an, deux ans ou plus. — Pourquoi en serait-il autrement de la solidarité en question, alors que l'*Expertise* a été jusqu'ici un fait, je ne dirai pas plus qu'incertain, mais plus qu'improbable ?

Veuillez ne pas induire de tout ceci, Monsieur, que je ne reconnaisse aucune vertu à la *Solidarité*. Elle aura certainement une action indépendante et propre qui ne peut avoir que de bons résultats, et, si minimes soient-ils, on n'a pas de raisons de négliger un moyen facile d'amélioration. Mais ce qui est de la dernière évidence pour moi, comme il en sera sans doute pour vous après un mûr examen des considérations que je développe, c'est que, dégagée de l'*Affirmation*, la *Solidarité* perd sa plus large part d'influence, et ne devient plus que le squelette d'un corps dépouillé de ses muscles et des artères où coulait le sang qui lui donnait la vie.

Je vous l'avoue, Monsieur, je ne connais encore aucune objection ni sérieuse, ni même spécieuse à l'adoption de l'*Affirmation*. Je ne sache pas qu'il existe quelque chose de plus simple que ce moyen, qui se résout, je le répète, en une question adressée par le notaire aux parties, et tendant à savoir d'elles si l'acte qu'on lui fait rédiger est sincère. Je me demande qui cela peut blesser. En vérité, cela est d'une simplicité qui paraîtrait oiseuse, si un examen sérieux n'en faisait apercevoir les résultats considérables. Je comprendrais que, des deux moyens, on eût choisi l'*Affirmation* seule; mais je ne m'expliquerais pas par quels motifs c'est précisément elle que l'on écarte, si je n'en trouvais la raison dans cette considération, que les meilleures choses, lorsqu'elles tirent leurs plus fortes raisons d'être ainsi de causes ou d'effets dont l'appréciation a besoin d'une pratique toute spéciale, peuvent échapper aux esprits les plus éminents qui n'ont pas cette pratique. Mais quelques mots d'explication illuminent facilement les intelligences distinguées auxquelles ils sont adressés, et c'est d'elles ensuite que vient bientôt la lumière.

La seule chose qui puisse faire question, pour l'*Affirmation* comme pour la *Solidarité*, c'est la mesure d'efficacité des moyens proposés. En matière de vente, en n'attribuant à ces moyens que la moitié d'une action complète, c'est-à-dire en admettant que, sur cent actes, il y en aura cinquante qui ne porteront pas un prix sincère, c'est, je pense, faire une large part à la fraude et prévoir sa perpétration dans des cas nombreux. Mais, en cela, je veux tenir compte tout d'abord d'une objection réelle qui résulte de la force même des choses, et qu'il n'est au pouvoir d'aucune loi humaine de supprimer d'une manière complète et certaine.

Cette objection est celle-ci : « Alléguer que le ven-
« deur soit sans intérêt à favoriser la fraude de l'ac-
« quéreur est avancer un fait qui n'est pas absolu-
« ment exact : le vendeur a intérêt ou peut avoir
« intérêt, au contraire, à ce que l'acquéreur paye des
« droits moindres; car, dans ce cas, l'offre de ce
« dernier s'en trouvera plus élevée. »

Comme je fais ici de la pratique, Monsieur, et non pas un plaidoyer, comme je ne cherche que la lumière, loin de vouloir dissimuler l'objection, je la présente dans toute sa vivacité. Permettez-moi, avant de clore ma lettre, de l'examiner de près; peut-être trouverons-nous qu'elle perd beaucoup de sa force, que cette force est plutôt théorique que réelle au fond, et qu'en définitive les moyens proposés sont peut-être aussi de nature à annihiler l'intérêt même du vendeur par le risque qu'ils lui font courir.

J'établis d'abord, comme un fait très-réel en pratique, que le droit d'enregistrement n'influe que fort peu ou point dans les transactions formant le courant des affaires qui se traitent dans les études de cantons ruraux, c'est-à-dire de celles qui ont pour objet des valeurs dont la moyenne peut être de 500 francs et aller jusqu'à 1,000. La terre se vend à raison de la contenance, à tant l'are, par exemple, et suivant un prix admis, pour cette fraction, dans la circonscription territoriale; le droit d'enregistrement n'altère en rien cette valeur admise, et c'est sur elle seule que l'on traite, abstraction faite de toute influence étrangère. Une parcelle vaut 500 francs, on cherchera bien à l'avoir pour 400 ou 450, et, si l'on finit par la payer 500, c'est assurément sans que le droit d'enregistrement soit entré dans le débat : le montant n'en est pas assez élevé pour qu'il puisse être un obstacle à la conclusion du marché; il forme alors pour l'acquéreur une sorte de denier à Dieu, un sacrifice qui disparait dans la convenance de l'acquisition.

Pour les affaires de moyenne importance, il en est souvent, dans le fait, à peu près ainsi ; cependant, en admettant comme très-réel que, dans ces transactions comme dans les plus considérables, le droit d'enregistrement influe, pour toute sa valeur, dans l'offre que fait l'acquéreur à son vendeur, il est du moins une chose incontestable, c'est que, dans ces cas même, le bénéfice que peut faire l'acquéreur sur le droit d'enregistrement, en opérant la soustraction d'une partie du prix, n'a aucune influence sur cette offre. Cela est si vrai, Monsieur, — et tous les hommes de pratique vous le diront, — qu'en se rendant dans nos études pour passer un contrat de vente, les parties n'ont aucune idée du chiffre de la soustraction à commettre, et cela par la raison toute simple que ce point n'a pas été débattu. L'acquéreur, en faisant son offre, a pu faire valoir le poids de l'impôt auprès du vendeur; mais, le marché fait, la question de soustraction ne se produit le plus souvent qu'au moment de la passation de l'acte, et le plus ordinairement encore qu'en présence du notaire lui-même. Je puis vous donner l'assurance, Monsieur, que, dans les cantons ruraux, il en est toujours ainsi; or, les cantons ruraux, les petites affaires ou les affaires moyennes, n'est-ce pas la plus grande partie de la France et des affaires? Croyez bien que dans les villes le contraire n'est que l'exception.

On peut opposer des calculs théoriques, présenter de gros chiffres, établir, par exemple, que l'acquéreur d'un immeuble de 100,000 francs offrira assurément quelque chose de plus à son vendeur, si ce dernier consent à ne porter que 70,000 francs dans l'acte, et qu'il pourra par là intéresser le vendeur à la soustraction qu'il compte faire. Certes, cela est possible, cette prévoyance frauduleuse, ce concert illégal pourront exister; mais, je le répète, il n'en est ainsi que rarement aujourd'hui, et ces conventions occultes ne seront que l'exception. On l'a dit très-spirituellement, rien n'est entêté comme un fait, et le fait est que, si l'impôt lui-même influe sur l'offre de l'acquéreur, le bénéfice de la soustraction n'entre jamais, à cet égard, en ligne de compte: c'est une éventualité dont l'acquéreur songe à profiter au moment seul où l'acte se fait, et dont les avantages sont alors, suivant le degré de facilité du vendeur, plus ou moins réduits.

Et d'ailleurs, remarquez-le bien, Monsieur, ce concert qu'il est si facile de supposer aujourd'hui entre le vendeur et l'acquéreur, parce que le vendeur a toute facilité pour se prêter à une fraude qui peut lui être profitable sans lui susciter aucun embarras, sera-t-il aussi aisément supposable après l'adoption des moyens que je propose? La situation ne sera-t-elle pas, à l'égard du vendeur, singulièrement modifiée? Voyez.

Dans l'exemple ci-dessus, l'acquéreur dit au vendeur : « En ne portant que 70,000 fr. dans l'acte,

« vous m'évitez de payer un droit sur 30,000 fr., « soit 1,815 fr. de bénéfice. Consentez à cette sous- « traction, et je vous donne la moitié de ce béné- « fice, c'est-à-dire 907 francs? » — Dans l'état actuel des choses, le vendeur n'a évidemment aucune objection; mais si la loi que je propose est rendue, qu'en sera-t-il?

En consentant à cette réduction, le vendeur s'expose : 1° à payer, comme débiteur solidaire, dans le cas où l'expertise constaterait la valeur réelle de l'immeuble, un droit simple et un double droit s'élevant ensemble à.......................... 3,630 fr. 00

2° A payer une amende personnelle égale à la moitié du droit simple sur le supplément de valeur, soit (somme égale à celle par lui reçue).. 907 00

3° Aux frais de l'Expertise, comme débiteur solidaire, environ........ 400 00

Total, ci........ 4,937 00

Et de plus, pour conquérir cette position, le vendeur aura été dans l'obligation de faire une fausse affirmation et de l'appuyer de sa signature dans l'acte authentique.

Appliqué aux petites affaires, le risque est encore bien plus apparent. Supposez une vente de 500 francs sur le prix de laquelle on voudra en soustraire 200, soit 12 francs de bénéfice à partager entre l'acquéreur et le vendeur. Pour obtenir les 6 francs qui lui reviendront, voici le risque auquel se soumettra ce dernier :

1° Double droit.............	24 00
2° Amende personnelle......	6 00
3° Expertise, au moins......	180 00
Total...........	210 00

Croyez-vous, Monsieur, que, pour un si mince bénéfice, le vendeur se soumette jamais à de pareilles éventualités? Pensez-vous qu'en présence de cette situation nouvelle, si la fraude ne disparaît pas complétement, elle ne doive au moins s'amoindrir considérablement?

N'oubliez pas une chose capitale, Monsieur; n'oubliez pas le soin que mettront les notaires à produire de pareils tableaux aux yeux de leurs clients; je vous ai dit pourquoi tout à l'heure, comptez sur eux pour déraciner la fraude. L'*Affirmation* leur donne pour cela une arme puissante; jamais loi ne sera mieux exécutée.

En vérité, Monsieur, plus j'avance dans l'examen de cette question, plus je me confirme dans l'appréciation que je fais de l'efficacité de mes moyens d'action. J'inclinerais à penser que cette efficacité sera complète; mais, dans une question de cette importance, je veux laisser de côté toute apparence de foi enthousiaste, et en admettant, comme je le fais, précisément à cause de l'objection que je viens d'examiner, que l'action de la loi ne se fasse sentir que dans la moitié des cas, elle ne s'en trouvera pas moins avoir un résultat considérable, qui devra, j'espère, porter le gouvernement à décider son adoption.

Veuillez donc, Monsieur, je vous le demande en finissant, ramener votre examen sur les considérations vraiment pratiques qui militent en faveur de l'*Affirmation*, dont la *Solidarité* n'est qu'un utile mais pâle corollaire. Soyez assuré de ceci, Monsieur, je vous le dis avec conviction, la *Solidarité* dormira dans le *Bulletin des lois*, comme y dorment déjà les menaces de l'expertise, d'un demi-sommeil qui n'effrayera personne. L'*Affirmation* au contraire sera toujours, dans toutes les études de France, debout et éveillée, mettant constamment en scène la *Solidarité* et l'*Expertise*, et s'attaquant aux redevables par la conscience et par la bourse, ces deux plus puissants mobiles de nos sociétés modernes.

Veuillez, etc.

****

P. S. Il me reste, pour compléter la pensée qui a présidé à l'ensemble de mon projet, à faire une observation importante relativement à l'action plus vigoureuse que l'administration des finances est à même de donner à l'innovation de la *Solidarité*.

Elle obtiendra ce résultat, si elle enjoint à ses préposés de faire faire quelques expertises dans les cantons ruraux, et surtout si, fixant un maximum de valeurs, elle simplifie la procédure de l'*Expertise* et présente une loi qui permette d'employer, dans les petites affaires, le ministère, simple et exempt de frais onéreux, des juges de paix. Deux ans de rigidité seulement suffiront pour mettre les redevables en éveil, et leur montrer que le gouvernement est décidé à mettre fin à un état de choses déplorable. Ces deux années suffiront, je le répète; car avec l'*Affirmation*, la *Solidarité*, une *Expertise* quelque peu menaçante, et surtout une amende personnelle contre le vendeur, l'habitude de frauder se perdra, et l'on prendra si bien celle de la sincérité, qu'on finira par ne plus songer à bénéficier sur des réductions devenues dangereuses, sinon impossibles.

*** 6 mai 1853.

RÉSUMÉ.

En 1851, le montant des droits d'enregistrement sur les transmissions d'immeubles à titre onéreux s'est élevé à la somme de........................ 75,000,000 f. »

Les droits perçus, dans le cours de la même année, sur les transmissions à titre gratuit, tant entre vifs qu'après décès, se sont élevés à la somme de.......... 55,000,000 »

Total............. 130,000,000 »

Prenant cette année 1851 comme base du rendement de ces droits :

Si l'on admet, d'après les évaluations les plus modérées, que la moyenne des soustractions opérées par les redevables, sur les valeurs de la première catégorie, soit du quart des valeurs réelles qui forment l'objet des contrats, il en résulte que, de ce côté, le Trésor est frustré d'une somme de......................... 25,000,000 f. »

En évaluant au tiers la dissimulation sur les transmissions de la seconde catégorie, il en résulte encore une perte de....... 27,000,000 »

Total de la perte éprouvée, chaque année, par le Trésor................... 52,000,000 »

Ces évaluations ne seront mises en doute par aucun homme de pratique.

La fraude est donc énorme. En produisant une inégalité

immorale dans l'équitable répartition de l'impôt, elle fait subir au Trésor une perte considérable.

Il s'agit d'y mettre un frein.

On le peut sans avoir recours à aucune solution violente, *sans rien modifier dans les lois existantes.*

Deux mots de plus suffiront : *Affirmation, Solidarite.*

La loi n'offre qu'un moyen de poursuivre la fraude. Ce moyen consiste dans l'*Expertise* que les préposés de l'enregistrement peuvent provoquer, dans le cas où les biens faisant l'objet des contrats ou des déclarations de mutation leur paraissent faussement évalués. Si le résultat de l'expertise constate une valeur supérieure à celle déclarée, le redevable doit un double droit sur le supplement, et il est, en outre, tenu aux frais de l'opération si cet excédant dépasse d'un huitième les valeurs déclarées par lui.

En pratique, le moyen de l'*Expertise* ne s'emploie que rarement, et lorsqu'on a recours à lui, ce n'est jamais que dans des cas où il s'agit de valeurs importantes. Les frais considérables et la procédure compliquée qu'il occasionne le rendent *sans action et sans usage* dans les petites affaires, et les petites affaires, c'est la masse.

Les moyens proposés peuvent se formuler ainsi :

« Obliger le notaire, avant la clôture du contrat, à interpeller individuellement toutes les parties (*vendeurs et acquéreurs*), et à recevoir leur *Affirmation* relativement à « la sincérité du prix ou des charges déclarées dans l'acte, « et à faire mention, dans cet acte, de ces interpellations et « affirmations. »

Et de plus, « Rendre le vendeur *débiteur solidaire* avec « l'acquéreur, envers le fisc, du droit et du double droit « dont ce dernier est tenu, en cas d'insuffisance constatée, et « établir, contre le vendeur, une amende *personnelle* égale

« à *la moitié du droit simple* perçu sur le supplément de « valeur. »

Quelle est celle des parties qui a intérêt à la fraude? — L'acquéreur seul.

Pourquoi le vendeur consent-il à être le complice de cette fraude? — C'est qu'il se croit sans intérêt, et que, du moins à l'égard du fisc, il l'est en effet. Il n'est pas débiteur de l'impôt; la loi n'exige rien de lui, et, ne prévoyant même pas sa culpabilité, elle en efface en lui l'idée.

Sans son concours, cependant, l'acquéreur ne pourrait rien.

Il s'agit donc de mettre le concours du vendeur du parti de la sincérité. Pour cela, il y a un moyen bien simple : c'est de l'y intéresser.

Le projet de loi l'y intéresse de deux manières :

Par un intérêt moral (qui agit en même temps sur l'acquéreur) ;

Par un intérêt pécuniaire.

L'*Affirmation* sera l'intérêt moral. Elle le met en demeure ou de déclarer la vérité, ou de commettre un mensonge, et d'appuyer ce mensonge de sa signature. Le vendeur ne mentira pas par deux raisons : la première, c'est qu'il se parjurerait sans motif, ce qu'il ne fera pas, parce que l'intérêt d'autrui n'est pas un mobile; la seconde, c'est qu'étant, par la *Solidarité* et l'*Amende*, personnellement et pécuniairement intéressé à la véracité de l'acquéreur, il ne souffrira pas une fraude de nature à le compromettre doublement. Vis-à-vis d'un acquéreur trop pressant, il invoquera toujours le premier de ces motifs; l'honorabilité lui en sera profitable de toute manière.

S'il y a plusieurs vendeurs, chose si fréquente, tous ne mentiront pas dans l'intérêt d'un seul acquéreur, et il suffira qu'un des vendeurs s'y refuse pour rendre la fraude impossible.

Nul concert frauduleux, dont le vendeur peut aujourd'hui bénéficier sans risque, ne sera désormais possible entre ce dernier et l'acquéreur ; le profit qu'en tirerait le vendeur ne serait pas compensé par l'éventualité de la perte et des embarras que pourrait lui occasionner la fraude.

L'*Affirmation* aura une action décisive sur les gens d'éducation, sur ceux des classes élevées. La *Solidarité* et l'*Amende personnelle* auront toute l'efficacité désirable sur les classes inférieures.

Les deux moyens réunis rendront, au moins dans une large proportion, l'action de la loi *certaine*.

Le serment, comme mesure fiscale, a des précédents nombreux dans d'autres pays. En Angleterre notamment, la loi de l'*income-tax* oblige le contribuable d'abord à une *Affirmation positive, faite en conscience*, et, s'il y a lieu, elle lui impose le serment.

L'*Affirmation authentique* aura tous les avantages du serment sans en avoir la solennité ; elle en respecte le prestige, et cependant elle en aura les effets. Ce sera un acte grave ; il sera tout-puissant.

Les moyens proposés se réduisent donc à ceci : *une simple question* sur l'exactitude d'un fait ; mettre du parti de la loi le complice oublié et très-désintéressé d'une fraude coupable, désastreuse par ses résultats.

Qu'on réduise jusqu'à l'impossible l'efficacité de ces deux moyens, qu'on ne leur attribue que la moitié d'une action complète (ce qui est inadmissible pour les contrats à titre onéreux), ils produiront encore au Trésor un bénéfice annuel de 20 à 24 millions.

Une considération dernière et très-importante, c'est que

cette loi serait accueillie avec joie par le notariat, qui trouverait en elle une arme susceptible de le prémunir contre une fraude à laquelle on le fait, aux dépens de sa dignité, participer forcément. Abrités par la loi, qui leur en imposera en quelque sorte l'obligation, les notaires pourront, sans craindre un mécontentement fatal à leurs intérêts, produire en toute liberté aux yeux de leurs clients, et surtout des vendeurs, le tableau des risques auxquels les soumettrait la réduction qu'ils seraient disposés à faire. On pourra d'autant mieux compter sur le zèle de tous les notaires à obtenir une exécution parfaite des dispositions nouvelles, que leurs intérêts matériels y trouveront, en passant, une satisfaction très-appréciable, puisque leurs honoraires, basés sur le chiffre des valeurs, s'élèveront avec les valeurs portées dans les contrats.

Cette dernière considération est l'une des plus puissantes qui militent en faveur des moyens proposés.

Simplicité de moyens, efficacité assurée, bonne et facile exécution, atténuation considérable, sinon suppression complète d'une perte énorme pour le Trésor, moralisation des masses et protection pour la dignité du notariat : tels sont les avantages que présente le projet développé dans la *Lettre à l'Empereur*.

FIN.

TABLE.

FIN DE LA TABLE.

Paris — Typographie de Firmin Didot Frères, rue Jacob, 56

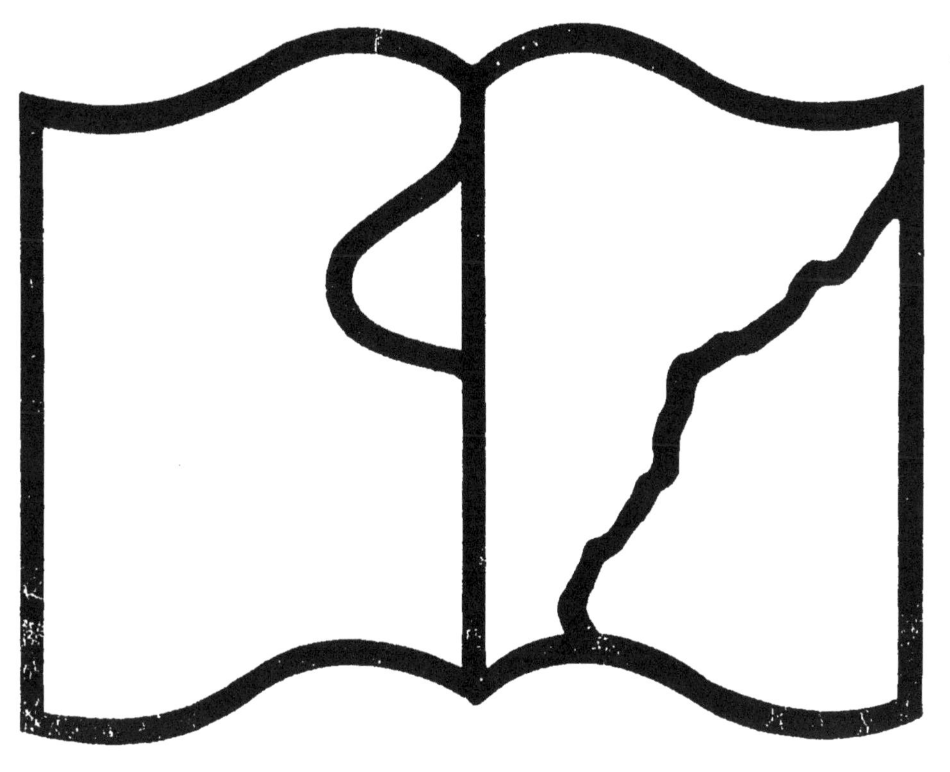

Texte détérioré — reliure défectueuse

NF Z 43-120-11

Contraste insuffisant

NF Z 43-120-14

www.ingramcontent.com/pod-product-compliance
Ingram Content Group UK Ltd.
Pitfield, Milton Keynes, MK11 3LW, UK
UKHW020237220726
13923UKWH00002B/696